近代政治史系列

中华苏维埃史话

A Brief History of the Chinese Soviet

杨丽琼　刘　强 / 著

社会科学文献出版社
SOCIAL SCIENCES ACADEMIC PRESS (CHINA)

图书在版编目（CIP）数据

中华苏维埃史话/杨丽琼，刘强著. —北京：社会科学文献出版社，2011.12
（中国史话）
ISBN 978 – 7 – 5097 – 2819 – 2

Ⅰ.①中… Ⅱ.①杨… ②刘… Ⅲ.①中央革命根据地 – 史料 – 1931 ~ 1934 Ⅳ.①K269.406

中国版本图书馆 CIP 数据核字（2011）第 222333 号

"十二五"国家重点出版规划项目

中国史话·近代政治史系列

中华苏维埃史话

著　者／杨丽琼　刘　强

出 版 人／谢寿光
出 版 者／社会科学文献出版社
地　　址／北京市西城区北三环中路甲 29 号院 3 号楼华龙大厦
邮政编码／100029

责任部门／人文科学图书事业部（010）59367215
电子信箱／renwen@ ssap. cn
责任编辑／孙以年
责任校对／张兰春
责任印制／岳　阳
总 经 销／社会科学文献出版社发行部
　　　　　（010）59367081　59367089
读者服务／读者服务中心（010）59367028

印　　装／北京画中画印刷有限公司
开　　本／889mm×1194mm　1/32　印张／5.5
版　　次／2011 年 12 月第 1 版　字数／108 千字
印　　次／2011 年 12 月第 1 次印刷
书　　号／ISBN 978 – 7 – 5097 – 2819 – 2
定　　价／15.00 元

总　序

　　中国是一个有着悠久文化历史的古老国度，从传说中的三皇五帝到中华人民共和国的建立，生活在这片土地上的人们从来都没有停止过探寻、创造的脚步。长沙马王堆出土的轻若烟雾、薄如蝉翼的素纱衣向世人昭示着古人在丝绸纺织、制作方面所达到的高度；敦煌莫高窟近五百个洞窟中的两千多尊彩塑雕像和大量的彩绘壁画又向世人显示了古人在雕塑和绘画方面所取得的成绩；还有青铜器、唐三彩、园林建筑、宫殿建筑，以及书法、诗歌、茶道、中医等物质与非物质文化遗产，它们无不向世人展示了中华五千年文化的灿烂与辉煌，展示了中国这一古老国度的魅力与绚烂。这是一份宝贵的遗产，值得我们每一位炎黄子孙珍视。

　　历史不会永远眷顾任何一个民族或一个国家，当世界进入近代之时，曾经一千多年雄踞世界发展高峰的古老中国，从巅峰跌落。1840 年鸦片战争的炮声打破了清帝国"天朝上国"的迷梦，从此中国沦为被列强宰割的羔羊。一个个不平等条约的签订，不仅使中国大量的白银外流，更使中国的领土一步步被列强侵占，国库亏空，民不聊生。东方古国曾经拥有的辉煌，也随着西方列强坚船利炮的轰击而烟消云散，中国一步步堕入了半殖民地的深渊。不甘屈服的中国人民也由此开始了救国救民、富国图强的抗争之路。从洋务运动到维新变法，从太平天国到辛亥革命，从五四运动到中国共产党领导的新民主主义革命，中国人民屡败屡战，终于认识到了"只有社会主义才能救中国，只有社会主义才能发展中国"这一道理。中国共产党领导中国人民推倒三座大山，建立了新中国，从此饱受屈辱与蹂躏的中国人民站起来了。古老的中国焕发出新的生机与活力，摆脱了任人宰割与欺侮的历史，屹立于世界民族之林。每一位中华儿女应当了解中华民族数千年的文明史，也应当牢记鸦片战争以来一百多年民族屈辱的历史。

当我们步入全球化大潮的 21 世纪，信息技术革命迅猛发展，地区之间的交流壁垒被互联网之类的新兴交流工具所打破，世界的多元性展示在世人面前。世界上任何一个区域都不可避免地存在着两种以上文化的交汇与碰撞，但不可否认的是，近些年来，随着市场经济的大潮，西方文化扑面而来，有些人唯西方为时尚，把民族的传统丢在一边。大批年轻人甚至比西方人还热衷于圣诞节、情人节与洋快餐，对我国各民族的重大节日以及中国历史的基本知识却茫然无知，这是中华民族实现复兴大业中的重大忧患。

中国之所以为中国，中华民族之所以历数千年而不分离，根基就在于五千年来一脉相传的中华文明。如果丢弃了千百年来一脉相承的文化，任凭外来文化随意浸染，很难设想13亿中国人到哪里去寻找民族向心力和凝聚力。在推进社会主义现代化、实现民族复兴的伟大事业中，大力弘扬优秀的中华民族文化和民族精神，弘扬中华文化的爱国主义传统和民族自尊意识，在建设中国特色社会主义的进程中，构建具有中国特色的文化价值体系，光大中华民族的优秀传统文化是一件任重而道远的事业。

当前，我国进入了经济体制深刻变革、社会结构深刻变动、利益格局深刻调整、思想观念深刻变化的新的历史时期。面对新的历史任务和来自各方的新挑战，全党和全国人民都需要学习和把握社会主义核心价值体系，进一步形成全社会共同的理想信念和道德规范，打牢全党全国各族人民团结奋斗的思想道德基础，形成全民族奋发向上的精神力量，这是我们建设社会主义和谐社会的思想保证。中国社会科学院作为国家社会科学研究的机构，有责任为此作出贡献。我们在编写出版《中华文明史话》与《百年中国史话》的基础上，组织院内外各研究领域的专家，融合近年来的最新研究，编辑出版大型历史知识系列丛书——《中国史话》，其目的就在于为广大人民群众尤其是青少年提供一套较为完整、准确地介绍中国历史和传统文化的普及类系列丛书，从而使生活在信息时代的人们尤其是青少年能够了解自己祖先的历史，在东西南北文化的交流中由知己到知彼，善于取人之长补己之短，在中国与世界各国愈来愈深的文化交融中，保持自己的本色与特色，将中华民族自强不息、厚德载物的精神永远发扬下去。

《中国史话》系列丛书首批计 200 种，每种 10 万字左右，主要从政治、经济、文化、军事、哲学、艺术、科技、饮食、服饰、交通、建筑等各个方面介绍了从古至今数千年来中华文明发展和变迁的历史。这些历史不仅展现了中华五千年文化的辉煌，展现了先民的智慧与创造精神，而且展现了中国人民的不屈与抗争精神。我们衷心地希望这套普及历史知识的丛书对广大人民群众进一步了解中华民族的优秀文化传统，增强民族自尊心和自豪感发挥应有的作用，鼓舞广大人民群众特别是新一代的劳动者和建设者在建设中国特色社会主义的道路上不断阔步前进，为我们祖国美好的未来贡献更大的力量。

陈奎元

2011 年 4 月

⊙杨丽琼

作者小传

　　杨丽琼，女，江西南昌人，1956 年生，江西财经大学副教授。毕业于江西师范大学，先后工作于福建师范大学与江西财经大学。主要从事中国近现代史与旅游文化的教学与研究，出版《农地产权制度变革与社会生态的互动》等专著，在《中共党史研究》、《农业经济问题》和《求实》等刊物发表《关于农民创业问题研究的若干认识误区》、《财富与剥削在苏维埃革命实践中的演变与启示》、《中央苏区平分土地政策与农民权益保障再探讨》、《"十五"以来新中国农地产权制度变革研究探讨》、《江西旅游大省建设亟待三重突围》、《江西旅游业发展战略的"聚湖实心"之策》等论文。

目　录

目
录

引　言

　　1927年春夏，上海宝山路上镇压武装工人纠察队的枪声和汉口国民政府"分共清党"政策的出笼，标志着以蒋介石、汪精卫为代表的国民党内两大右派势力形成"反共清党"合流，也宣告了第一次国共合作最终破裂，以国共合作及其北伐战争推动的国民革命运动因此戛然中断。独占北伐战争胜利果实的国民党及其南京政府，大肆捕杀共产党员及其影响下的不同政见人士，残酷镇压工农运动，将全国置于血腥恐怖之中。然而，面对国民党及其南京政府的血腥屠杀，立志为共产主义理想而奋斗的中国共产党人及劳苦大众，并没有被吓倒、被征服。他们揩干净身上的血迹，掩埋好同伴的尸首，重新举起革命的大旗，投入了新战斗。

　　8月1日，中国共产党人在南昌打响了武装反抗国民党统治的第一枪。在周恩来、朱德、叶挺、贺龙等领导下，一部分在北伐战争中受到共产党影响并为共产党人掌握的革命军队汇集南昌，发动了著名的"南昌起义"。起义军占领南昌之后，随即成立以共产党人

1

为领导核心的中国国民党革命委员会，起义部队沿用原国民革命军第二方面军番号，但实际已经是中国共产党人独立领导的武装部队，宣告了中国共产党人自己独立创建军队和实行武装夺取政权的开始。3日，起义部队挥师南下广东，试图再度北伐。

8月7日，中共临时中央政治局在汉口秘密召开会议，结束了陈独秀为首的领导班子对中共中央的领导，确立了土地革命和武装反抗国民党统治的总方针。从此，中国共产党人领导的中国革命进入了以土地革命为中心内容的工农武装夺权斗争的阶段。八七会议之后，中国共产党人在湘、赣、鄂、粤四省广大地区广泛发动秋收暴动，以毛泽东等领导的湘赣边界秋收起义为代表，一场共产党人领导的农民起义烽火在四省农村熊熊燃烧。

在各地武装暴动此起彼落之际，中国共产党的战略策略也发生了重大调整。八七会议后，中共中央曾一度主张共产党领导发动的工农暴动仍利用国民党左派的旗帜，而将"苏维埃"革命口号仅停留在宣传上。9月下旬，中共中央根据对革命形势发展变化的新判断，认为国民党已沦为"反动派"的"政治尸首"、"白色恐怖的旗帜"，应彻底将它抛弃，并决定立即在当前的革命斗争中组织建立苏维埃政权。不久，中共中央各机关陆续迁往上海，统一领导全国的苏维埃运动，苏维埃政权随之在各地纷纷建立。

"苏维埃"一词本是俄文"COBET"的汉语音译，意为"代表会议"或"会议"，是俄国人民在反对沙皇专制统治的革命斗争过程中创新的政权组织形式。俄国十月革命夺取政权之后，В. И. 列宁为首的俄国共产党（布尔什维克）[简称俄共（布）]即宣布全部国家政权归苏维埃，明确"苏维埃"为俄国无产阶级专政的政权组织形式，俄国为工兵农代表苏维埃共和国。当年，中国共产党是在列宁与俄共（布）帮助下建立的，且成为列宁创建的共产国际的一个支部；当共产国际指导下的国共合作破裂之后，中国共产党人便接着在共产国际的指导下举起了工农兵代表"苏维埃"的旗帜，将它作为新时期中国共产党人继续推进革命及其引领中国民众追求解放的目标。

将苏维埃旗帜注入中国社会，揭开了共产党人领导的中国革命进入长达十年的苏维埃革命新时代。以1931年11月中华苏维埃共和国的成立为标志，前后十年间，苏维埃旗帜召唤和激励着共产党人及其广大劳苦大众投身这一空前壮烈的阶级搏斗。中国共产党人在极其恶劣的环境下，领导了艰苦卓绝的军事斗争，开创了大片农村革命根据地，并在红色苏维埃武装割据地区推动了轰轰烈烈的农村土地革命与工农苏维埃政权建设。票选公仆，民众监督，体现的是权为民所授；发展经济，普及教育，追求的是利为民所谋；干群平等，互助共存，肃贪倡廉，展示的是苏区干部好作风……一串继往开来的幼年实践，一组执政为民的早期探索。当然，其间所谓的三次左倾盲动主义错误，既有照搬苏联革命模式的错误，也有自身空想盲动的重大失误；既有早期"共产风"问题，还有片面狭隘的关门主义、唯暴力论和肃反扩大化等严重错误；然而，苏维埃旗帜作为中国共产党人领导中国革命道路的早期探索，作为共产党引领下广大中国民众投身革命与追求解放的壮烈实践，则为我们今天重新认识新民主主义和传统社会主义、努力建设中国特色社会主义提供了宝贵的实证经验和教训。

一 神州大地燃星火

 中国第一苏维埃

位于广东省东南部的海陆丰地区，南临波涛浩瀚的大海，北依崇山峻岭，盛产水产品、食盐和木材等。但是境内山多田少，土地贫瘠，发展农业的自然条件较差，加上长期以来封建专制的政治强迫与经济剥削，造成了工农业生产水平极其低下，广大工农群众生活在水深火热之中。在共产党的领导下，海陆丰人民为争取自身的解放，不断掀起革命斗争的高潮。

早在 1922 年 7 月，农民运动先驱澎湃就在其家乡海丰县领导成立了当地第一个有组织、有纪律的农会——"六人农会"，点燃了农民运动的烽火。以后，惠州农民联合会、广东省农会、农民起义军等革命组织也相继成立。1925 年 4 月，中共海陆丰特别支部和中国共产主义青年团海陆丰支部正式成立，并迅速成为当地农民运动的领导核心。

自 1927 年 4 月 12 日蒋介石发动政变之后，在共产党组织的领导下，海陆丰人民为反抗残暴的屠杀政策，先后举行了两次武装起义，尤其是 9 月上旬发动的第二次起义，声势浩大，农民武装一度攻克县城。但是由于敌强我弱，为保存革命力量，农民军主动撤出县城，退守北部的中峒山区，中共东江特委和东江革命委员会正设在这里。10 月初，南下广东的南昌起义部队在潮汕地区失利后，余部进入了海陆丰地区，被改编为中国工农革命军第二师第四团（即后来的红二师），董朗担任师长兼团长，颜昌颐任党代表。部队与驻中峒的农民军会合后，使整个海陆丰地区革命形势迅速高涨。正在此时，中共中央关于建立苏维埃政权的指示传来，于是，海陆丰地区人民的革命运动率先进入为苏维埃政权的建立而斗争的新时期。

10 月 29 日，驻扎海陆丰的国民党军队陈学顺团迫于日益高涨的革命形势，将据守公平、汕尾的部队撤回海丰城集中，工农革命军第二师随即进占公平，并乘胜向海丰城逼近。30 日晚，海丰东南五区农军开进汕尾。与此同时，各地农民揭竿而起，纷纷暴动。11月 1 日，陈学顺团退出海丰县城，向惠阳狼狈逃窜，城中的地主武装逃往捷胜。在陆丰，农军势如破竹，先后攻克新田、大安、金箱、湖东等敌据点。11 月 4 日，在工农革命军第二师一部的支援下，农军兵临陆丰县城，守敌戴可雄惊惶失措，率部连夜逃往碣石。至此，海陆丰人民第三次武装起义取得了成功。在胜利的号角声中，两县的临时革命政府宣告成立。11 月 8 日，澎湃自香港返回陆丰，兼任中共东江特委书记，直接领导海陆丰人民筹备召开工农兵代表大会，建立苏维埃政权。经过充分的宣传和准备，11月13日至16日，陆丰第一次工农兵代表大会在县城举行。大会产生了陆丰县苏维埃政府，张威等15人被选为苏维埃政府主席团执行委员。

11月18日，海丰工农兵代表大会隆重开幕。海丰城内大街小巷被打扫得干干净净，各机关团体门前和街道两旁悬挂起红灯红纱。主席台前悬挂着马克思和列宁的画像，两边插着十几面红旗。会场四周灰色的墙壁上贴满了红红绿绿的标语，回廊、走道和泮池光滑的石栏杆上也装饰着彩布花结。会场两侧还设置了军乐队和参观台。上午9时半，在雄壮的军乐和热烈的掌声中，代表们满面春风地步入会场。出席大会的311名代表来自社会各阶层，其中农民占60%、工人占30%、士兵占10%。工农革命军第二师第四团的全体指战员和周围县区的农民代表也应邀参加大会。

10时，大会正式开始，首先由澎湃作政治报告。他详细分析了当时中国革命的形势，号召各界人民在苏维埃政府领导下，为推翻国民党反动统治英勇奋斗。随后，与会代表围绕重大问题展开热烈讨论，先后通过了没收土地案、杀尽反动派案、改良工人生活案、改良兵士生活案、抚恤遭难烈士及被祸工人家属案、取消苛捐杂税案、妇女问题案和禁止米谷出口案等8项议案以及政府施政纲领。21日下午，大会选举产生了海丰县苏维埃政府，杨望等13人当选为苏维埃政府委员，林彬等4人当选为苏维埃政府裁判委员会委员。

7

在闭幕式大会上，代表大会授予新成立的革命政府红布包着的"海丰苏维埃政府"大印，当选政府委员宣誓就职。

海陆丰苏维埃政府成立后，开展了一系列巩固苏维埃政权的工作。首先，土地归革命政府所有，分配给农民使用。各区苏维埃政府专门设立了土地科，负责督促和指导农民分配土地，并统一颁发使用证。其次，废除一切契约债务，勒令地主限期交出一切田地契约和债务契据，集中焚烧。没收当铺内一切财物，贫民凭当票领回典当物品，免于赎取。再次，组织革命武装，从各地报名应征的青年中选拔1000名，组编为工农革命军第二师第五团；各乡还组织了不脱产的赤卫队和少量常备赤卫军。最后，坚决肃清反革命。一方面对罪大恶极的地主豪绅和重利盘剥者，严加搜捕，经苏维埃政府审判，予以惩处；另一方面，组织武装攻克敌人盘踞的巢穴，肃清敌匪，安定社会秩序。苏维埃政府推行的各项革命措施，得到了广大革命工农的热烈拥护和衷心支持。海丰城沉浸于红色革命的海洋之中，革命大众扬眉吐气，革命影响迅速波及整个东江地区，苏维埃政权很快扩大到拥有50万人口的广阔区域。

海陆丰苏维埃虽属县一级政权，并且新政府的施政纲领和前、中期所推行的政策还存有一些"左倾"与盲动主义的错误，但它毕竟是无产阶级和革命人民第一次夺取政权的伟大尝试，作为第一个苏维埃红色政权，它在中国共产党的革命史上留下了光辉灿烂的篇章。

红色风暴卷羊城

　　1927 年 12 月 11 日是一个不同寻常的日子，一个让整个世界都为之震惊的日子。这一天，继海陆丰地区建立中国第一个苏维埃政权之后，由共产党领导组织的第一个城市苏维埃政权在广州市诞生了。

　　广州苏维埃政权是伴随着广州起义而建立的。1927 年 11 月 17 日，中共中央临时政治局指示广东省委，在城市和农村积极发动和扩大武装起义，建立苏维埃工农民主政权。随后，中央政治局候补委员、广东省委书记张太雷秘密回到了白色恐怖下的广州。26 日，他主持召开省委常委会议，决定在广州发动武装起义，并成立了领导起义的总指挥部——行动委员会，由张太雷亲自担任总指挥。行动委员会以省港罢工工人为中心，将广州各界工人分散的秘密组织改编为统一领导的赤卫队，由周文雍任总指挥。同时，委员会还加紧进行对第四军叶剑英部军官教导团官兵的革命宣传动员工作，使之成为起义的一支主力部队。

　　起义原确定乘广东军阀张发奎调出广州兵力发动"护党战争"之机，于 12 月 13 日举行，由于机密泄露，正准备与桂军开战的张发奎 11 月 10 日便宣布广州戒严，并企图回师广州，镇压起义。紧急关头，总指挥部当机立断，决定将起义提前到 11 日发动。11 日凌晨 4 时，叶剑英领导的教导团首先打响了起义的第一枪。按起义军队总指挥叶挺的部署，周文雍领导工人赤卫队负责攻打城内伪警察署和敌保安队驻地，并负责占领车站、电话局、无线电局和各政府机关；教导团负责解除市区敌正规军的武装。在人民群众的密切配合下，经过两小时的激战，起义军占领了全城大部分地区，广州起义取得了胜利。

广州苏维埃工农民主政府的成立大会在原国民党政府公安局大楼举行。会议厅正中墙壁上悬挂着大幅马克思、列宁的画像，一张由许多普通桌子拼凑成的大会议桌上铺着大台布，四周摆满了藤椅。大楼门口挂起的一条红布横幅上，周文雍亲笔手书的"广州苏维埃"五个苍劲有力的楷体字分外引人注目。早晨6时，张太雷、叶挺、叶剑英、聂荣臻、恽代英、杨殷等广州起义领导人和起义前秘密选出的工农兵代表们陆续来到会场。

上午7时，广州苏维埃工农民主政府第一次代表会议开幕，张太雷首先讲话。他详细分析了国内外形势后说：中国工人阶级处在多重压迫下，所受的痛苦太多太重，今天正好起来，挣脱身上的枷锁，砸烂手脚上的镣铐，扬眉吐气，抬起头做新社会的主人！在代表们经久不息的掌声中，张太雷宣读了起义纲领。随后，叶挺报告了军事情况，杨殷报告了肃反工作情况，周文雍报告了赤卫队的组织和战况。大会经过热烈讨论后，作出了以下重要决议：

（1）宣布广州苏维埃政府成立，发表告世界人民书；

（2）发动群众拥护苏维埃政权，定于当天中午在第一公园召开群众大会；

（3）严厉镇压反革命，处决继续进行破坏活动的反革命分子；

（4）迅速打通通向海陆丰的道路，与海陆丰苏维埃取得联系；

（5）组织工农红军三个军，号召广州工人应募登记。

最后，会议选举16人组成广州苏维埃工农民主政府，由苏兆征任政府主席（苏未到任时由张太雷代），任命叶挺为工农红军总司令。

广州苏维埃工农民主政府成立后，立即发布了告全国工农兵群众及全世界无产阶级"宣言书"，并先后颁布了一系列法令。

工农民主政府的对内总政纲是：一切政权归苏维埃——工农兵代表会议；打倒反革命的国民党和各式军阀；保证劳动人民之集会、结社、言论、出版和罢工的绝对自由。

对于工人：实行八小时工作制，并规定手工业工人的工作时间；一切工人均增加工资；由国家照原薪津贴失业工人；工人监督生产；国家保证工资；大工业、运输业、银行收归国有；承认中华全国总工会是全国工会唯一的最高组织；解散一切反革命的工会组织；立刻恢复和扩大省港罢工工人的一切权利；承认现在处于白色职工工会下的工人为被压迫阶级的同志，号召他们为无产阶级的利益而帮助工农民主政权。

对于农民：一切土地收归国有，完全归农民耕种；镇压地主豪绅；销毁一切田契租约债券；消灭一切山边田界；各村各区立即成立工农民主政权。

对于兵士：国有土地分给士兵及失业人民耕种；各军队中应组织兵士委员会；组织工农红军；改善兵士生活；增加兵饷到每月 20 元现洋。

对于一般劳苦贫民：没收资产阶级的房屋给劳动民众居住；没收大资本家的财产，救济贫民；取消劳动者的一切捐税、债务和息金；取消中国年底的还账；没收当铺，将劳动群众典当的物资无价发还。

工农民主政府对外的政纲是：联合苏联，打倒帝国主义。

工农民主政府成立后，立即开展工作，继续巩固和扩大起义的胜利成果。当天上午 7 时，政府派出了由青年学生和妇女组成的宣传队，分乘汽车和缴获的铁甲车，高举红旗，巡回全市街道，高呼口号和散发传单。

全市报馆工人停止对一切对抗革命报纸的印刷。同时，工农民主政府的机关报——《红旗日报》公开出版。上午 8 时，工农民主政府的宣言和命令，已由起义军夺取的原国民党政府的印刷局印了 25 万份，张贴到广州市各条大街。

工农民主政府还组成了没收粮食队，没收反动资本家的囤粮；通告全市商店正常营业，出售生活必需品；组织饮食处，由参加起义的女工负责管理；还组织参加起义的女共产党员和女共青团员、女工制造军用材料、旗帜，并负责传递消息和运转、看护伤员等工作。

工农民主政府派出肃反人员，采取行动，搜捕反革命分子和工贼头目，并宣布实行邮电检查。

广州苏维埃工农民主政府刚刚成立，就得到了广大革命的工农兵群众及各界支持革命人士的热烈拥护。当天，全市许多街道挂起了拥护工农民主政府的红布横幅。广州市民纷纷扯掉国民党党旗，竖起了革命的铁锤镰刀红旗。大街小巷，红旗如林，锣鼓喧天，《国际歌》、《少年先锋队歌》和《工农兵暴动歌》的雄壮歌声，响彻云霄。

广州苏维埃政府的成立，令中外反革命势力恐慌不安。粤桂军阀立即停止了内争，集中军队5万余人，在张发奎的指挥下，气势汹汹地向广州反扑。由于敌我力量悬殊，11日晚，叶挺便提出趁敌军主力尚未回到广州前将革命武装主动撤离的建议，然而遭到了否决。起义军与敌人血战三天三夜，终因寡不敌众，最后失败，广州苏维埃政府领导人张太雷在战斗中壮烈牺牲，革命群众七八千人惨遭杀害。

广州苏维埃政府的建立是共产党人夺取城市政权的初次尝试，起义军在战斗中表现出的英勇顽强和不怕牺牲的精神令世人赞叹不已。但实践再一次证明，面对当时国民党反动派在城市拥有强大的武装力量的客观形势，盲目照搬苏俄十月革命"城市中心论"的经验，企图通过城市武装起义或进攻大城市来夺取革命胜利，在中国是行不通的。

 井冈山上飘红旗

与南昌起义和广州起义不同，在湘赣边界的秋收起义中，毛泽东等人领导的工农革命军在前往攻打长沙途中失利之后，立即放弃了攻打大城市的原定计划，主动转战于敌人统治力量薄弱的广大湘赣边界农村。1927 年 10 月 7 日，经过三湾改编后的工农革命军第一军第一团由毛泽东率领到达江西省宁冈县茅坪，与长期活动在这里的农民武装领导人袁文才、王佐取得联系，得到他们的欢迎与支持。27 日，革命军抵达井冈山的中心茨坪，开始了创建井冈山农村革命根据地的艰苦斗争。

井冈山位于雄伟的罗霄山脉中段，方圆数百里，群峰起伏，地势险要，易守难攻；山区周围各县有自给自足的农业经济，易于工农革命军筹集粮饷。这里地处湘赣边界，远离国民党统治的中心城市，加上湘赣两省军阀之间存在矛盾，敌人的统治力量比较薄弱。同时，井冈山区有较好的群众基础，大革命时期各县曾建立过党的组织和农民协会，更重要的是，袁文才、王佐领导的农民武装一直在这里坚持斗争，并且愿意同工农革命军相结合。利用这些有利条件，从 1927 年年底到 1928 年年初，以毛泽东为书记的党的前敌委员会（简称前委）领导井冈山军民，趁湘赣两省国民党新军阀军队混战的时机，采取积极发展的方针，逐步在井冈山地区开创"工农武装割据"的局面。部队首先在边界各县进行打倒土豪劣绅、发动群众的游击暴动，建立边界县、区、乡各级工农民主政权。1927 年11 月，工农革命军攻占茶陵县城，成立边界第一个县级红色政权——茶陵县工农兵苏维埃政府，谭震林任主席。1928年1月，工农革命军攻占遂川县城。2月上旬，工农革命军胜利打破江西国民党军的第一次"进剿"。至此，初步奠定了井冈山革命根据地的基础。

从1927年冬至1928年冬，井冈山根据地在发动群众打倒土豪劣绅的基础上，逐步开始了分田斗争。1928年5、6、7三个月，宁冈全县，永新、莲花的大部分地区，遂川、酃县的部分地区都分了田。12月，湘赣边界政府颁布了井冈山《土地法》。这个土地法否定了"封建土地所有制"，规定"没收一切土地归苏维埃政府所有"，以乡或村为分配单位，"以人口为标准，男女老幼平均分配"。由于缺乏经验，这个土地法按当时中央的有关决定做出规定，没收与平分一切土地，而不是只没收和平分地主阶级的土地；土地所有权属于政府，而不是属于农民；禁止土地买卖。这些明显"左"倾的错误政策在以后的工作实践中才逐步得到纠正。

为了加强党对井冈山斗争的领导，以毛泽东为书记的前委先后派出党员干部到各地去恢复、整顿和发展各县的党组织。"马日事变"后，国民党反动派的残酷镇压曾使井冈山地区的党组织全部遭到破坏，只剩下若干避难藏匿的党员。经过大量艰苦的工作，到1928年2月，终于先后成立了宁冈、永新、茶陵、遂川4个县委和酃县特别区委，莲花县也开始建立起党组织。

井冈山的斗争主要是军事斗争。因此，前委十分重视革命军队的建设，注意在军队内部进行政治教育，加强对军队的无产阶级思想领导。1927年年底，毛泽东规定部队必须执行打仗消灭敌人、打土豪筹款子、做群众工作三项任务。由于执行这三项任务，部队不仅能够打胜仗，而且广泛发动了群众，解决了经济来源问题，密切了军政、军民关系。1928 年春，毛泽东又总结几个月来从事群众工作的经验，规定部队必须执行三大纪律、六项注意。三大纪律是：第一，行动听指挥；第二，不拿工人农民一点东西；第三，打土豪要归公。六项注意是：第一，上门板；第二，捆铺草；第三，说话和气；第四，买卖公平；第五，借东西要还；第六，损坏东西要赔。后来，六项注意又增加了洗澡避女人和不搜俘虏腰包两项内容，从而发展成了三大纪律、八项注意。三大纪律、八项注意的提出，对于革命军队的建设，对于正确处理军队内部特别是军民之间的关系，对于团结革命群众和瓦解敌军，都起了重大作用。在加强正规部队的建设中，前委对袁文才、王佐的农民武装进行了改造，将其改编为工农革命军第一军第二团，并积极帮助湘赣边界各县建立县的赤卫队和乡的暴动队。这些地方武装不仅配合正规军作战，而且是正规军兵源的重要补充。

1928 年 4 月，南下广州途中失利后转战于湘南的南昌起义军，在朱德、陈毅等人的率领下撤离湘南，陆续向井冈山转移。28 日，毛泽东与朱德领导的两支革命军队在宁冈砻市胜利会师。会师后，根据湘南特委的决定，毛泽东和朱德所率部队合编，成立工农革命军第四军（后改称红军第四军），朱德任军长，毛泽东任党代表，王尔琢任参谋长，部队下辖第十、十一、十二师（不久取消师的建制，改编为 4 个团），共 1 万多人，枪支 2000 余支。在这期间，还成立了工农革命军第四军军委，毛泽东任书记，井冈山地区的革命武装力量大大增强。同年 5 月，在宁冈茅坪召开中共湘赣边界第一次代表大会。会议总结井冈山根据地创建以来的经验，得出中国农村革命根据地和红军能够长期存在并发展的论断。会议选举产生了湘赣边界党的最高领导机关——中共湘赣边界特别委员会（简称特委），毛泽东任书记（7 月，湖南省委派杨克明代理书记；9 月，谭震林代理书记）。特委统一领导湘赣边界红军和根据地的革命斗争。特委成立后，红四军军委书记改由陈毅担任。接着，成立湘赣边界统一的工农兵苏维埃政府，袁文才任主席。

井冈山根据地和红四军的发展令敌军如坐针毡。当时南方各省国民党新军阀的统治正处于暂时稳定时期，蒋介石当即命令国民党军队加紧向井冈山根据地"进剿"。为了打退敌人的"进剿"和发展井冈山根据地，湘赣边界特委和红四军军委共同制定了一系列正确的适时的革命策略与政策，即：坚决地和敌人作斗争，建成罗霄山脉中段政权，反对逃跑主义；深入割据地区的土地革命；军队的党帮助地方党的发展，军队的武装帮助地方武装的发展；对敌人力量比较强大的湖南取守势，对敌人力量比较薄弱的江西取攻势；大力经营永新，创造群众割据的局面，坚持长期斗争；集中红军相机迎击当前之敌，反对分兵，避免被敌人各个击破；割据地区的扩大采取波浪式的推进政策，反对冒进，等等。与此同时，毛泽东、朱德还把红军和赤卫队的作战经验，概括为"敌进我退，敌驻我扰，敌疲我打，敌退我追"的十六字诀。这个十六字诀是适应当时情况的带有朴素色彩的游击战争的基本原则，它对弱小的红军发展游击战争起了非常有效的指导作用。红四军在毛泽东、朱德领导下，以不足 4 个团的兵力，在同敌军 8 ~ 9 个团，甚至 18 个团兵力的战斗中，击破了敌军多次"进剿"，使割据地区日益扩大。6 月 23 日取得龙源口战斗的大胜利后，井冈山革命根据地也达到全盛时期，红色区域扩大到宁冈、永新、莲花 3 个县，遂川北部，酃县东南部，以及吉安、安福各一小部。此后，湘赣两省的国民党军队对井冈山根据地多次发动联合"会剿"。根据地军民团结一致，英勇奋战，12 月，彭德怀、滕代远率领平江起义后成立的红五军也来到井冈山与红四军会师，井冈山地区工农武装的力量进一步增强。

"激流归大海，湘赣红一角"。井冈山革命根据地的建立，是中共领导的革命处于低潮时期，中国共产党人将革命的退却与革命的进攻有机结合的体现。它把共产党的工作重心由敌人统治力量强大的城市转移到薄弱的农村，开始了中国共产党人第一个重大的战略转变，为共产党领导的中国革命的进一步发展指明了正确的方向。

大江南北群雄起

1928 年，中国共产党认真总结了八七会议后全国各地多数武装起义失败和井冈山根据地创建与发展的经验与教训，批评了党内一度出现的盲动主义与命令主义错误作风，有力地推动了全国苏维埃革命逐步走上工农武装割据，建立农村革命根据地的道路。井冈山的星星之火，迅速燃遍大江南北。1929 年，国民党新军阀开始了长达两年的混战，中国共产党抓住这一有利时机，广泛发动游击战争，建立苏维埃政权，以波浪推进方式巩固与扩大了苏维埃根据地区域（简称"苏区"）。到 1930 年，苏区已广泛分布在江西、福建、湖南、湖北、广东、广西、河南、安徽、浙江、四川、陕北等十几个省区的 300 多个县，共创建了大小 15 个苏维埃政权，建立红军十几个军，近 10 万人。大江南北逐步形成了五大苏区。

赣南闽西苏区 1929 年 1 月，为打破湘赣敌军对井冈山的"会剿"和解决红军给养问题，毛泽东、朱德率红四军主力主动出击赣南，另由刚进入井冈山的彭德怀率所部红五军和红四军余部守山。进军赣南的红四军转战赣南、闽西，与地方党和地方武装相配合，开辟了赣南、闽西两块根据地，1930 年春，分别建立了闽西苏维埃政府和赣西南苏维埃政府。闽西地方武装编为红十二军，赣南地方武装编为红三军。6 月，红三、四、十二 3 个军合编为工农红军第一军团，朱德为军团长，毛泽东为政治委员。此时，赣南和闽西已建立了 17 个县级苏维埃政权，为后来的中央苏区奠定了基础。8 月，红一军团与离开井冈山根据地转战于湘鄂赣苏区的彭德怀所部红三军团会师，组成红一方面军，毛泽东任总前委书记兼总政治委员，朱德、彭德怀分别任总司令与副总司令。

湘鄂赣苏区 1928 年 7 月 22 日，彭德怀、滕代远等领导国民党湖南陆军独立第五师一部举行了平江起义，占领平江县城，随后成立了县苏维埃政府和中国工农红军第五军，彭德怀任军长，滕代远任党代表，在湘鄂赣三省交界各县开展游击战争。10 月，彭、滕率领红五军主力向井冈山转移，留黄公略率领红五军余部坚持湘鄂赣区的斗争。12 月中旬，红五军主力与红四军会师宁冈。1929 年 1 月，红四军主力进军赣南，彭德怀率红五军守山。不久，井冈山遭到强敌围攻，红五军英勇抵抗后不得不撤离井冈山，也转战赣南。4月，红五军在瑞金与红四军第二次会师后，北上恢复并发展了湘赣区。10 月，红五军进入湘鄂赣区，与原来留下坚持斗争的部队会合，开辟了湘鄂赣苏区。1930 年，湘鄂赣与湘赣两苏区连成一片，红五军扩编为红五、八、十六共 3 个军，7 月，组成红三军团，彭德怀任总指挥，滕代远任总政治委员。8 月，红三军团与毛泽东、朱德领导的红一军团合组为红一方面军。10 月，湘鄂赣苏区与赣西南苏区连成一片。随后，红三军团转入赣南闽西苏区反"围剿"，留下地方武装在湘鄂赣苏区坚持斗争。经过艰苦工作，湘鄂赣苏区已包括三省交界 10 多个县的大部或一部，并成立了湘鄂赣苏维埃政府。

鄂豫皖苏区 1927 年 11 月，潘忠汝、戴克敏、吴光浩等领导的鄂东北黄麻起义组成了工农革命军鄂东军。1928 年 5 月，鄂东军开始在光山县的柴山堡地区建立游击根据地，随后鄂东军改称工农红军第十一军第三十一师。1929 年，第三十一师粉碎敌人三次"会剿"，乘势扩大根据地，建立了鄂东北苏区。同年，共产党人又在河南商城和安徽六安、霍山发动起义，组成红军第十一军第三十二和第三十三两师，开始创建豫东南和皖西苏区。1930 年 3 月，中共鄂豫皖边区特委成立，统一领导三支红军和三块苏区，红军统一编为红一军，许继慎任军长。红一军乘国民党军阀中原大战之机，大举出击，使苏区扩大到 30 余县。三个苏区连成一片，形成鄂豫皖苏区。1931 年初，红一军改称红四军，后发展为红四方面军。

闽浙赣苏区 1928 年 1 月，方志敏等领导了赣东北弋阳、横峰起义，后组成了土地革命军。由于敌军的进攻，起义军转入两县交界的磨盘山地区，坚持游击战争。1928 年 6 月，取得金鸡山大捷后，土地革命军改称工农红军江西独立团。12 月，赣东北成立了包括 8 个县的信江特区苏维埃政府。同年冬，共产党领导了闽北崇安农民起义，组成闽北红军独立团。1930 年夏，红军江西独立团攻克景德镇，扩大了赣东北苏区，部队扩编为独立师，信江特区苏维埃政府改称赣东北苏维埃政府，方志敏任主席。闽北独立团开赴赣东北，与独立师合编为红十军，周建屏任军长，邵式平任政治委员。1931 年春，赣东北苏区发展为包括 20多个县的闽浙赣苏区。

洪湖湘鄂西苏区 1927 年冬与 1928 年春之际，贺龙、周逸群、段德昌等在洪湖和湘鄂西的桑植、鹤峰一带发动农民武装斗争，组织工农革命军。1929年春，贺龙领导的湘鄂西工农革命军改编为红军第四军，7月，红四军取得赤溪河大捷后，湘鄂西苏区初步形成。1930年春，段德昌等领导的洪湖游击队改编为红军第六军，开辟了洪湖苏区。夏天，红四、六军会师公安城，红四军改称红二军，红二、六军组成红二军团，贺龙任总指挥，周逸群任政治委员（后改为邓中夏）。洪湖与湘鄂西两个苏区连成一片。

五大苏区的先后形成，使工农武装割据在大江南北形成了群雄并起的局面。然而，共产党内某些人对建立农村根据地的意义和革命重心应转向农村的问题认识不清或感到疑惑，提出"红旗到底打得多久"的疑问。毛泽东为此相继写了《中国的红色政权为什么能够存在》、《井冈山的斗争》、《星星之火，可以燎原》3篇文章，对农村武装割据问题从理论上进行了探讨和总结。他认为，红军和红色区域的建立和发展，"是半殖民地中国在无产阶级领导之下的农民斗争的最高形式"，"是半殖民地农民斗争发展的必然结果"，"是促进全国革命高潮的最重要因素"。中国是一个帝国主义间接统治的半殖民地半封建国家，地方性的农业经济和帝国主义划分势力范围的分裂剥削政策，造成了中国政治经济发展的极端不平衡和军阀间持续不断的战争，给红色政权的建立和发展客观上提供了有利之机。加上大革命留下的积极影响，全国革命形势的发展，相当力量的正式红军的存在和共产党的正确领导，处于白色政权四面包围中的红色政权的存在和发展，不仅可能，也是必然的。在红色割据地区，共产党把武装斗争、土地革命和根据地建设三者有机地结合起来，实行有根据地，有计划地建设政权，深入土地革命，扩大人民武装经由乡赤卫队、区赤卫队、县赤卫队总队、地方红军直到正规红军这样一套办法，政权发展是波浪式地向前扩大等政策，就能真正创造红军，使之成为革命的主要力量，就能给反动统治阶级以极大困难，动摇其基础而促进其内部瓦解，就能树立全国革命群众的信仰，从而促进革命高潮的到来。毛泽东的精辟论述，解决了当时工农武装割据斗争中迫切需要解决与回答的问题，为中共领导的中国革命在城市遭到失败后的进一步发展，指明了正确方向。此后，随着革命实践经验的丰富和几次"左倾"冒险主义错误的克服，毛泽东进一步将上述理论完善，提出中国革命必须先占农村后占城市，走农村包围城市的道路。

 瑞金擎起新中华

随着全国各苏区的发展与苏维埃政权的建立，1930年5月，中共中央开始筹建全国苏维埃政权。鉴于赣西南和湘鄂赣苏区的巩固与发展以及红一方面军的组建，8月，中共中央提出以赣西南为中心，在湘、鄂、赣三省苏区建立苏维埃区域中央局，以统一领导和指挥全国各苏区的革命斗争。此后，"中央苏区"的名称便开始出现。但是，由于蒋介石的大规模等军事

"围剿",赣西南苏区和湘鄂赣苏区很快被敌军分割,红一方面军转入长期的反"围剿"战争,致使把湘鄂赣三省建成中央苏区的计划未能实现,而当时所称的中央苏区仅辖赣西南苏区。然而,在打破敌人连续三次"围剿"的战争中,红一方面军与赣南、闽西两地苏区的红军紧密配合,形成了新的苏区割据格局。中共中央便决定将闽粤赣边划入中央苏区范围。在红一方面军取得第三次反"围剿"胜利后,赣西南与闽西两个苏区已连成一片,形成了以瑞金为中心的中央苏区,为后来在瑞金成立中华苏维埃共和国奠定了基础。

1931 年 11 月 7 日,是中国苏维埃革命运动和中国共产党历史上永远值得纪念的日子。这一天,在离赣南重镇瑞金 6 公里的小村——叶坪村东北角的谢家祠堂里,一派节日的热闹喜庆气氛。院内用木板搭起了一个主席台,台上正中挂着马克思、列宁的画像,两旁插着绣有镰刀斧头的大红旗。主席台四周沿边装饰着苍松翠柏树枝,松柏间嵌着五颜六色的花朵,一条写着"中华苏维埃第一次全国代表大会"的大红横幅高高地悬挂在主席台上方。祠堂四周的院墙上贴满了红红绿绿的标语,院内空地上整齐地摆放着一排排长板凳。这一切将古老的宗祠装点得更加庄严肃穆。

祠堂后面的广场上,人山人海,锣鼓喧天,红旗招展,欢声雷动。来自中央区、闽西区、湘赣区、湘鄂赣区、湘鄂西区、琼崖区、赣东北区等革命根据地苏维埃政府的工农代表以及红军各部队、全国总工会、全国海员总工会等代表共 610 人,还有附近的数万名群众，都汇集这里，为中国劳动人民第一次召开全国工农兵代表大会并建立自己的中央政权欢呼、歌唱。

太阳刚刚从东方升起，蔚蓝的天空飘着朵朵白云。中央军委主席毛泽东、红军总司令朱德等领导人健步登上广场坡地的检阅台。随着一声嘹亮的军号，总参谋长叶剑英身穿灰布军装，骑着一匹高大的战马，绕场一周检阅部队。霎时会场上鼓声、军号声、欢呼声、口号声连成一片，一阵又一阵经久不息的掌声宛如大海的波涛，回荡在旷野山林中。伴着一声响亮的口令，受阅的指战员们踏着雄壮明快的军乐节拍，正步通过检阅台。红军指战员身穿一色灰布军装，领口上缀着黑边红底领章，胸佩红色椭圆形"中国工农红军"符号，头戴八角帽，手持上了刺刀的步枪，个个精神焕发，斗志昂扬。红军部队后面是赤卫队。队员们精神抖擞，步伐矫健。四乡云集到叶坪的群众，自发地行动起来，模仿着红军的队伍，尾随着受阅部队通过检阅台。

下午，在震耳欲聋的鞭炮、锣鼓声中，中华苏维埃第一次全国代表大会宣布隆重开幕。项英首先致开幕词，热烈祝贺大会的召开。大会选举了37人组成主席团，并推举项英、朱德、曾山、陈正人、邓广仁、周以粟、张鼎丞为主席团常务主席。大会议程是：（1）听取毛泽东代表中共苏区中央局作政治问题报告，项英作劳动法报告，张鼎丞作土地法报告，王稼祥作少数民族问题报告，邓广仁作工农检察处问题报告。讨论和制定苏维埃宪法大纲、劳动法、土地法等法令草案以及红军问题、经济政策、工农检查处问题等决议草案。（2）选举中华苏维埃共和国中央执行委员会，成立苏维埃临时中央政府。

晚上，与会代表同驻地红军、当地群众一起举行了盛大庆祝晚会。叶坪村彻夜灯火通明，屋坪、操场到处荡漾着清脆的歌声和悠扬的乐曲。检阅台上，红军宣传队的演员们演出了反映战斗事迹的话剧；台子对面，歌手们在欢快地对歌，一群演员在锣鼓声中舞花枪、踩高跷；提灯会上，马灯、龙灯、茶灯、船灯，更是光彩照人。

9日上午，大会主席团举行第一次会议。下午，代表大会正式开始。会议首先通过了大会议事日程，宣布了大会的有关事项。接着，由大会秘书处报告了各处送来的贺信和中共中央及少共中央给大会发来的贺电，宣读了《中华苏维埃第一次全国代表大会告中国工人和劳动民众书》和《中华苏维埃第一次全国代表大会通电》。大会向战斗在前线的工农红军指战员致慰问电，并向全国工农群众发出通电。然后，由毛泽东代表中共苏区中央局作《政治问题报告》，他以洪亮的声音宣告说："红旗不倒就是我们的胜利，敌人的破产。红军的发展，是保证红色政权的必要条件。现在建立了红色政权，将来还要巩固扩大，以促进全国革命高潮的到来！"

从12日到18日，与会代表听取和讨论各个报告。大会还制定通过了《中华苏维埃共和国宪法大纲》、《中华苏维埃共和国劳动法》、《中华苏维埃共和国土地法》，通过了关于经济政策、工农检察处、少数民族、救济受灾群众以及为死难烈士立碑纪念问题等决议案。

19 日，大会选举产生了由 63 人组成的中华苏维埃共和国中央执行委员会。大会发表了《中华苏维埃共和国临时政府对外宣言》，向全世界庄严宣告："中华苏维埃共和国临时中央政府于 1931 年 11 月 7 日十月革命纪念节在江西正式成立了。"中华苏维埃共和国的首都定为瑞金，并改瑞金为"瑞京"。同日，大会举行授旗、授章典礼，向革命战争中艰苦作战、功绩卓著的红军部队授予了红旗；毛泽东、朱德、彭德怀等 8 人被授予了红旗奖章。

20 日，大会举行闭幕式。毛泽东、项英致闭幕词。当天晚上，几万群众提灯演戏，施放烟火，欢庆中国苏维埃运动的新胜利。

11 月 27 日，中华苏维埃共和国中央执行委员会举行第一次会议，选举毛泽东为苏维埃中央政府主席，项英、张国焘为副主席；设人民委员会，为中华苏维埃共和国中央行政机关，毛泽东为主席，下设九部一局：外交人民委员部，部长王稼祥；军事人民委员部，部长朱德；劳动人民委员部，部长项英；财政人民委员部，部长邓子恢；土地人民委员部，部长张鼎丞；教育人民委员部，部长瞿秋白；内务人民委员部，部长周以粟；司法人民委员部，部长张国焘；工农检查人民委员部，部长何叔衡；国家政治保卫局，局长邓发。同时，还成立了中央革命军事委员会，朱德为主席，王稼祥、彭德怀为副主席。

中央执行委员会主席团和人民委员会的选举产生，宣告了中华苏维埃共和国临时中央政府的正式诞生，标志着全国苏区领导中心的正式形成，瑞金被誉为全国红色区域的首都——"红都"。苏区中央政府管辖范围以中央苏区为中心，前方有闽浙赣苏区和湘鄂赣苏区护卫其左、右翼，长江上中游有湘鄂西苏区和鄂豫皖苏区遥相呼应，形成三面威胁南京国民政府之势。

苏区临时中央政府的成立，是中国共产党领导广大革命群众建立全国政权的第一次伟大尝试，是中国共产党和红军在土地革命战争中英勇奋斗的重大成果，也是探索建立独立、民主、光明的新中国的初步。

二 黑手高悬霸主鞭

 人民投票选公仆

苏维埃政权是工农民主专政的政权组织形式。《中华苏维埃共和国宪法大纲》中明确规定："中国苏维埃政权所建立的是工人和农民的民主专政的国家。苏维埃全部政权是属于工人、农民、红军兵士及一切劳苦民众的。在苏维埃政权下，所有工人、农民、红军兵士及一切劳苦民众都有权选派代表掌握政权的管理；只有军阀、官僚、地主、豪绅、资本家、富农、僧侣及一切剥削人的人和反革命分子是没有选派代表参加政权和政治上自由的权利的。"

自 1931 年 11 月中华苏维埃共和国临时中央政府成立之日起，到 1934 年 1 月召开中华工农兵苏维埃第二次全国代表大会的两年间，为建立民主、健全、富有效率的各级苏维埃政府，临时中央政府把民主选举制度作为地方苏维埃组织建设的重要内容，先后进行了三次民主选举运动。同时，为加强对选举运动的领导，临时中央政府还发布了许多有关的条例、法令、训令、文告、指示，及颁布了选举法和选举细则，使民主选举制度逐步完善，选举工作成效愈加卓著。

中央苏区在 1933 年冬进行的第三次民主选举运动规模最大，成效最高。为了迎接 1934 年第二次全国工农代表大会的召开，中央人民委员会作出了《关于召集第二次全苏大会的决议》，要求在"二苏大"召开以前改造各级地方苏维埃，并限期中央苏区在 11 月 15 日前，其他苏区在 10 月 31 日前将乡、区、县、省四级苏维埃改选完毕。临时中央政府重新颁布了《选举法》，发出了《选举训令》，对选举中的具体事项作了详细规定，加强了对选举工作的领导。

9 月，临时中央政府召开了中央苏区南部 18 县选举活动大会，各县的县、区两级内务部长 500 多人参加了大会，中央政府主席毛泽东亲自作了《今年的选举》的动员报告，使中央苏区的选举运动有领导、有组织、有准备地全面开展起来。其中瑞金县的选举运动进行得尤为有声有色。

在瑞金县云集区，内务部长参加了 18 县选举运动大会后，连夜带着中央的精神回到区苏维埃政府，向区苏主席作了汇报。第二天，区苏主席与区委书记便召开了由区苏主席团和工会、少共、赤卫队、妇女会等群众团体负责人参加的联席会议，成立了由 7 名委员组成的云集区选举委员会。遵照临时中央政府和江西省苏颁布的关于区苏政府主席不担任选举委员的训令，由区委书记亲自担任区选举委员会主任的职务。在选举委员会的领导下，首先在全区各乡村进行了声势浩大的选举宣传活动。

叶坪乡是云集区的第四乡,选举宣传活动开展得热火朝天。白天,乡党支部书记兼乡选举委员会主任与妇女干部、雇农支部长、手工业支部长、贫农团主任、少先队大队长等乡选举委员会委员,分头深入到全乡10多个自然村,一边帮助群众劳动,一边进行选举宣传。晚上,委员们又分头召开各群众团体会议,或群众大会,大张旗鼓地开展宣传鼓动。乡俱乐部自编自演了许多配合宣传选举运动的剧目,还创造了化装讲演这个深受群众欢迎的好办法。通过生动活泼、喜闻乐见的形式,使广大群众对苏维埃政府的性质、作用,选举运动的意义、形式和方法等都有了比较全面、深入的了解。在充分发动群众的基础上,选举运动进入公榜阶段。乡选举委员会根据各村报来的名册,经过严格审查核实后,出榜公布名单,共三张:有选举权的一张;16岁以下未达到法定年龄的一张;地主、富农和被革命法庭宣布剥夺了选举权的人一张。前两张用大红纸写,后一张用白纸写,分别张贴在叶坪、洋溪的乡、村苏政府大门口。来往的农民们第一次看到自己的名字被写在红榜上,个个兴奋不已,工农群众当家作主的光荣感和责任感油然而生。

选举大会召开前,选举委员接连开会研究,讨论确定选举事项。最为重要的工作,首先是划清选举单位。为了方便选民踊跃到会,使选民选出自己了解的人,更为了让选民能够提出更多更好的议案和日后顺利地行使撤回权,全乡划分为三个基层选举单位:工人为一个单位，叶坪、洋溪两个行政村各为一个单位。第二是确定候选人名单。他们首先召集各群众团体负责人和各村代表主任开会，初步拟出一个名单，交给群众讨论。在汇集群众意见后，调整部分名单再出榜公布，继续征求群众的意见，再次进行调整，最后才确定出一张候选人名单。

11 月的一天，晴空万里，风和日丽。叶坪乡选举大会隆重召开。早饭后，选民们换上干净的衣服，成群结队；兴高采烈地往选举会场走去。会场上，红旗迎风飘扬，锣鼓号角喧天。会场四周由儿童团员站岗放哨，他们手持红缨枪，神色严肃地对入场人员进行认真检查。无论什么人，一律凭选民证入场，即使是亲戚邻居，没有选民证也严禁入内。选民们入场后，主动到登记处"签到"。上午 10 时，选民委员会宣布选举大会开始。在报告本选举单位合格选民人数与实到人数之后，由乡苏政府负责人作工作报告，接着区苏政府派来指导选举的干部发表演说。

在洋溪村东禾坪会场上，选民们聚精会神地听完乡苏副主席所作的工作报告后，立刻展开讨论。有个老贫农站起来发言批评乡苏维埃政府过去选用干部不够慎重，往往只看表面不重实质，所以让某些投机分子钻了空子。乡苏副主席当即代表乡苏政府诚恳地接受批评。又有几个人站起来发言，乡苏政府工作人员都认真地作了记录。最后，选民开始选举乡代表。

按照 1933 年 8 月颁布的《中华苏维埃共和国暂行选举法》规定：乡苏代表以村为单位选举产生，工人、雇农、苦力每 5 人选出代表 1 名；贫农、中农及其他选民每 25 人选出代表 1 名。区苏代表由乡工农代表大会选举产生，平均在 20 名工人、雇农、苦力中选代表 1 人，100 名贫农、中农和其他选民中选代表 1 人。县苏代表由区工农代表大会选举产生，每 600 人以上的区选代表 1 名。

有选民 2700 多人的叶坪乡，按规定要选出代表 150 名。为了让选民有挑选代表的余地，充分行使自由选举的权利，选举委员会提出了 300 名候选人。这份候选人名单虽然经过民主协商，反复讨论，但为了慎重起见，在正式选举前选民委员会还请选民再次酝酿并当场提出意见。会场上，有位裁缝工人提出："候选人中的妇女太少了，没有达到 25% 以上，不符合临时中央政府训令的精神。"选举委员会根据选民的提名，立即在候选名单上增添了几位女工的名字。

在叶坪会场上，有人提出应该多选一些青年人，选民委员会也根据大家的意见，添上 10 多个农工青年积极分子的名字。

选举开始后，选举委员会按照候选人名单依次介绍，进行表决。选民们经过严肃的思考后，庄严地举起右手，投上自己神圣的一票。当选举委员会宣布选举结果时，听到那些深得大家信赖的人当选为代表，全场掌声雷动。

选举后的第二天，当选代表会集到乡苏政府召开第一次代表会议，选举乡苏政府主要领导人和出席区工农代表大会的代表。在充分保证代表行使选举权的基础上，新一届苏维埃政府产生了！原来的乡苏维埃政府主席和副主席由于工作称职继续当选，几个不称职的干部则落选，几位青年工人和叶坪村的一位妇女被选进乡苏政府工作。

中华苏维埃的选举运动，把发扬民主贯彻于全过程之中，运用民主集中制的原则，选举产生了各级代表大会和组成各级民主政府，在中国历史上第一次实践人民群众当家作主的政治，从而极大地激发了革命群众的政治积极性，巩固并扩大了苏维埃政权的社会基础，使广大苏区出现出崭新的政治局面。

乡苏乡政为工农

一座昔日的宗祠，或地主的宅院：屋内正前方挂着马克思、列宁的画像，画像旁贴着"主义遵马列，政权为工农"的对联；屋中摆列着一张四方桌和几条板凳，两边靠墙排放着几支鸟枪、梭镖；大门外挂着乡苏维埃政府的木牌。这就是当年苏区乡村政府的典型外貌——虽然简陋，但简陋中寄寓着其鲜明的阶级性质和革命宗旨。

乡村政权是苏区社会最基本的行政组织，其前身大多数为暴动时期的农民协会，当苏维埃革命兴起后，在红军或地方党组织的帮助下，通过召开群众大会，选举组建起乡村苏维埃政权。它的出现，迅速填补了地主政权和宗族势力垮台后农村遗留下的权力真空，为土地革命运动在当地迅猛开展起到重要作用。但由于属革命初期仓促建立，随着苏维埃运动的深入发展，乡村政权所存在的缺陷也逐步暴露出来。为使它真正成为苏区社会结构中的基础环节和有机组成部分，自1931年11月"一苏大"召开后，乡村政权开始努力迈上了制度化建设的轨道。

固定管辖范围是乡政制度建设的首要任务。针对过去行政区划大小不一、人口相差悬殊的情况，新颁布的《中华苏维埃共和国划分行政区域暂行条例》中明确规定："山地，每乡管辖纵横不得超过15里，人口不得超过3000；平地，每乡管辖纵横以5里为主，最多不超过10里，人口不得超过5000。"与划小乡级行政区域并行的是撤销原有的村级苏维埃政府，但这并不是改变乡村政权以自然村为单位、动员组织群众的工作基点，而是对其乡村行政功能的加强，充分体现出乡村政权一体并行、便于管理的特征。重新确定各级行政区域的工作，以江西进展最快。到1932年2月，江西省苏便划定出辖下的1163个乡级行政区。

建立代表会议制度是乡村政权民主建设的又一重大创制。代表会议制度就是人民群众参政议事的制度。根据《地方苏维埃政府暂时组织条例》等法律规定，代表会议制度包括以下内容：（1）全乡贫农、中农、独立劳动者每50人，雇农每13人选举正式代表1人组成乡苏代表会议；（2）乡苏代表会议每10天由乡主席召集一次，会议可在各村移动举行，特别应到与讨论的问题有关的村举行；（3）每个代表固定联系与领导10至50位居民，3~7个代表中选出一位代表主任，每村设一位总代表主任，负责全村工作，建立起村庄内总代表主任—代表主任—代表—居民的双向互动联系；（4）每个代表另须担负乡苏的部分工作，即参加乡政府组织的各种常设或临时委员会；（5）代表不胜任工作或犯有重大错误者，可由10个以上选民提议，经半数选民同意予以撤回，或由乡代表会议决议开除。这些要点足以表明，代表会议制的推行，是为了增强民众与乡村政权密切与牢固的联系。毛泽东曾评价说："建立城乡苏维埃代表会议制度，树立了工农苏维埃的下层基础。"

乡村政权最具特色的创制是委员会制度的推行。新的乡政府内不设科，遇有临时性事务，则由乡苏代表和各村推举的工农积极分子（无表决权）共同组织临时委员会办理。依据《地方苏维埃暂行组织法（草案）》的规定：委员会可分经常和临时两类。乡政权下设委员会最多可达24个：有扩大红军、优待红军、慰劳红军、赤色戒严、防空防毒、没收征发、国有财产、农业税征收、公债、农业生产、开荒、山林、水利、土地登记、查田、教育、卫生、桥路、粮食、备荒、户口、义务劳动与运输、选举、工农检查等委员会。显然，各种委员会起着乡政府常设和非常设职能部门的作用。

苏区的乡村政府机构简单，人员精干，一般只有3名脱产人员，即乡苏主席及交通、工作人员各1名。但是由于密切联系群众，乡村政权的工作得到了广大农民的衷心支持和全力配合，因而在领导斗争、分配土地、扩红支前等方面都取得了喜人的成绩。毛泽东曾称赞说："一切苏维埃工作的实际执行都在乡苏与市苏。"简略地说，乡村政权在运行过程中所发挥的功能，主要体现在四个方面。

（1）最大或最主要的功能自然是权力机构特有的行政管理功能。执行上级政府的命令、指示、训令、法令等，"使每个群众都能了解苏维埃一切决定的政治意义，并鼓励群众热烈的自愿的来执行一切工作"，乃是乡级行政的中心任务。可以说，苏区社会秩序初步建立后，正是依靠了乡村政权行政管理功能的发挥，人民群众才得以严密有序地组织起来，党和临时中央政府的纲领主张、政策法令、意识形态才得以在农村顺利推行和灌输，苏区社会才得以在革命非常时期以及恶劣的环境条件下高效率运转。

（2）乡村政权又是管理人民群众经济、文化等基本生活需求的农村组织，因而具有强大的经济功能、文化教育功能和民政功能。经济功能主要体现为分配土地和没收的财物，规划和领导农业生产，开展贸易、推销公债，帮助群众解决吃穿住行等实际生活问题。兴办学校、建立乡村俱乐部、编演新戏、政治宣传等，则是乡村政权在文化教育方面的重要工作。乡村政权对群众的文化生活颇为重视，以建立乡村俱乐部为例，据统计，仅中央苏区的江西、福建和粤赣（辖今江西、广东交界区域）3省，即设有俱乐部1656个，工作人员达49668人。

乡村政权承担的民政事务有三类，其一是进行人口、土地、婚姻、契约、工商业等的登记，核发路条、通行证等；其二是协调社会各阶层和各群众团体之间的关系，解决纠纷，优待红属，慰劳红军等；其三是进行社会救济，帮助从国统区逃入的难民、战争中避难的群众以及遭受自然灾害的难民解决生活困难。例如1931年湘鄂西根据地发生大水灾，苏区各级政权一方面筹措物资解决部分留在苏区的灾民生活，并组织动员70%的灾民外出逃荒应急；另一方面积极领导修堤和调运种子，发展生产，安置逐渐回归的逃荒灾民。

（3）保证和动员民众履行对苏区政府和社会应尽的责任，在战争条件下使乡村政权的役税功能显得突出和重要。就征税而言，乡村政权的工作重心有两点：其一是引导农民完成从废除一切旧的苛捐杂税向承担苏维埃政府适量税负的转变；其二是计算、分配并动员农民及时按量缴纳税负。苏区的役负分为兵役和夫役两种。兵役首先为扩大红军，其次为组建地方常备或非常备武装等。夫役则有对红军的运输物资、救护伤员、修筑工事等支前工作和地方上优待红属劳动等，以及修建乡村水利、道路、桥梁等基本建设任务。

（4）乡村政权还具有重要的执法和防卫功能。广义上执行苏维埃一切法令法规自不待言，乡村政权在刑法和民法方面也被赋予一定的执行之权。其中，确定居民选举权、被选举权的拥有和剥夺，处置乡间民事纠纷，认定居民的婚姻关系和离婚后财产的处理，判定居民的债权和产权等，是乡村政权的经常性权力。最初，乡村拥有拘捕、审判、执行人犯的一切权力，从 1931 年年底始，司法权完全上移至县、区政府的裁判部，乡村政府仅存紧急时候"捉拿反革命分子及其他重要犯人之权"。

与对罪案和人犯较为有限的执法权相比，乡村政权的防卫体系堪称完备。乡村社区军事化政策的推行，几乎所有男女群众（除老幼病残和反动分子外）都被纳入各种半军事化组织之中，在生产劳动的同时，站岗放哨，实行"赤色戒严"。这在战争的大环境中不仅使地方的安全得到保证，而且对维护乡村社会秩序和民众利益作用甚大，因而在抗日战争和解放战争时期，为解放区一直沿用。

苏区乡村政权在其组织上展示的是农民群众当家作主、参政主事的阶级性质；就其功能而言，充分显示出乡苏政权为工农的革命宗旨。它的建立与运行，一扫过去传统乡村政权专擅独裁、祸害乡里的黑暗吏治，给苏区农村和农民带来了一种全新的气息。

于都肃贪倡廉政

苏维埃工农民主政府是中国共产党领导的不同于一切剥削阶级政权的新型政府，为政清廉是它显著的特点。为了防止和克服腐败现象的出现，中华苏维埃临时中央政府成立后，立即推行廉政建设，其主要内容是反对贪污腐化、铺张浪费、官僚主义和命令主义，节俭经济，在斗争中"建设与改造苏维埃政府"。1932年 2 月 17 日，中央人民委员会发布《帮助红军战争，实现节俭经济运动》的通令，要求各地迅速开展制止浪费节俭经济运动，一场声势浩大的廉政建设运动由此拉开了帷幕。

在开展反腐化斗争的过程中，中央苏区采取一系列措施，确保政府廉洁：（1）加强思想教育，提高干部素质。1932年3月，人民委员会发布《政府工作人员要加紧学习》的命令，提出政府工作人员应加紧学习，提高自己的文化程度和工作能力。为此，临时中央政府开办多期训练班，分期培训各级干部，苏区中央局并于1933年创办了马克思共产主义学校（后改为中央苏区党校）、苏维埃大学（后改名沈泽民苏维埃大学），培养了大批具有一定文化水平和理论修养的干部，为廉政建设的开展奠定了必不可少的思想与干部基础。（2）统一财政，建立完善的财政制度。1932年9月，中央财部政发出训令，强调各级政府必须坚决执行中央颁布的《暂行财政条例》，并且着手各项财政制度的建设，如建立预决算制度、统一税收、建立会计制度和审计程序、设立国库等，这些措施的推行，为杜绝贪污浪费提供了财政制度上的保证。（3）健全苏维埃民主制度，强化行政监察机关的职能。维护工农兵及劳苦民众行使当家作主的权利，是保证苏维埃政府廉洁的一项根本措施，因此临时中央政府注重民主制度的建设，强调"政府工作人员由选举而任职，不胜任的由公意而撤换"，"给予一切革命民众以完全的集会、结社、言论、出版与罢工的自由"，"每个革命的民众都有揭发苏维埃工作人员的错误和缺点之权"。

为强化行政监督的职能，自临时中央政府成立伊始，在人民委员会之下便设立了工农检察部（后改为工农检察委员会），负责对苏维埃政府法令执行情况的监察。1932年9月，各级工农检察部下特设控告局，专职"接受工农劳苦群众对苏维埃机关或国家经济机关的控告及调查控告的事实"。（4）实行舆论监督。中央苏区充分发挥新闻媒体的监督威力，当时的主要报刊如《红色中华》、《斗争》、《红星》、《青年实话》等，都开辟专栏，一方面对各种腐败现象进行无情地揭露和批判，另一方面又大力弘扬廉洁奉公的苏维埃工作人员的优秀事迹和经验。这对反腐倡廉运动的广泛深入开展起到了巨大的推动作用。（5）严明法纪，惩治腐败。1932年7月，临时中央政府发布训令，"对苏维埃中贪污腐化分子，各级政府一经查出，必须给予严厉的纪律上的制裁，谁要隐瞒、庇护和放松对这种分子的检举与揭发，谁也要同样受到革命的斥责。"1933年12月，中央执行委员会颁布《关于惩治贪污浪费行为》的训令，其中规定"贪污公款在五百元以上，处以死刑……贪污一百元以下者，处以半年以下的强迫劳动"；"凡挪用公款为私人营利者以贪污论罪"。各级执法机关依法对贪赃枉法者严惩不贷，一批腐败分子落入法网。1934年对"于都事件"的惩处，便是当时传颂一时的典型反贪案例。

1933年11月，临时中央政府工农检察部收到地方群众来信，信中揭发以于都县苏维埃主席熊仙壁为首的县委各级党政机关干部利用职权，挪用公款，违法做投机生意，在群众中造成恶劣影响。来信引起了中央政府的高度重视，结合1933年于都县各项工作中屡屡出现的众多问题，临时中央意识到来信反映情况的严重，先是派出巡视员前往调查，后又责成粤赣省委和省苏查处，但都没有彻底解决，一封封意见信仍接连寄到中央。在这种情况下，中央人民委员会决定由中央政府副主席项英亲自率领工作组前往于都实地调查处理，坚决将此事查个水落石出。

1934年3月初，中央工作组到达于都。当天下午，项英主持召开了县委扩大会议，围绕粤赣省委关于撤销刘洪清县委书记职务的训令，组织干部讨论，鼓励与会人员大胆揭发熊仙壁的问题。不料，会场却出乎意料的冷落沉闷。几个干部迫于压力，敷衍地说了一些中央早已了解的情况，更多的干部唯唯诺诺，模棱两可。县委组织部长更是一言不发。调查工作一开始就陷入困境。

调查工作所面临的僵局令项英焦急忧虑，他彻夜难眠，聚精会神地翻阅各类材料账目，希望能从中寻觅出蛛丝马迹。然而直到雄鸡报晓，仍未理清头绪。

清晨，满面倦容的项英漫步于都街头，只见街道两旁商店林立，人声鼎沸，各类名称的合作社门前挂着醒目的招牌，生意兴隆。这热闹的景象与敌人经济封锁下其他苏区商业萧条的局面形成鲜明的对比，项英顿时心头豁然开朗，决定从清查各级干部参与商业购销活动着手，以熊仙壁为突破口。

项英急步回到住所，立即召集工作组开会，要求工作队员深入基层发动群众，自下而上地开展斗争，并选派专人调查落实熊仙壁的经济问题。会后大家迅速分头行动。

几天后，终于查找到了熊仙壁挪用公款的确凿证据。熊仙壁自当选为县苏主席后，利用职权，在财政部强拿公款 50 元，转交其弟作为资本贩卖根据地紧缺的食盐，牟取暴利。后因他人贪污公款被查出，熊仙壁为掩盖罪行，才偷偷将钱归还。熊仙壁自以为做得天衣无缝，在县苏主席团会议上强硬地否认贪污，只承认借公款买牛企图搪塞了事，而其同伙又百般包庇。这次调查中，精干的工作队员多次走访群众，特别是对其亲属反复交代党的政策，进行耐心的思想教育，熊仙壁的母亲终于吐露了内情，在所谓"借用"的 50 元里，买牛仅用去 16 元，余下的 34 元大洋完全被用于做投机生意。熊仙壁的问题有了重大突破！

第二天上午，项英主持召开了群众审判大会，在确凿的事实面前，昔日威风八面的熊仙壁不得不低头伏法，彻底交代了自己贪污公款的丑行。项英当场宣读了中央执行委员会关于撤销熊仙壁于都县苏主席职务和开除其中央执行委员资格的决定，并由最高法院依法宣判熊仙壁监禁一年，剥夺政治权利一年的制裁。

于都顿时沸腾起来，城乡群众奔走相告，赞不绝口。工作组获得了于都人民的高度信赖，调查工作得到了群众的大力支持。工作组驻地门庭若市，来访者络绎不绝，许多问题被揭露，大量线索被发现，于都县各级领导机关贪污腐败的黑幕逐渐被揭开了。

于都靠近赣州，水路交通便利，是当时苏区与白区通商的重要口岸，于都各级干部从事投机生意的活动十分突出，群众对此反应极为强烈。在项英的统一部署下，工作组乘胜追击，对全县商业活动中存在的非法经营进行全面清查，大批腐败分子原形毕露，原县委书记刘洪清也露出了马脚。刘洪清最初与城市工农检举委主席刘福元、城市总支书佘当文、贫农团主任汤林等合伙组织了一家商店从事酒类买卖，初期生意萧条，利润甚微。但刘洪清利欲熏心，置党纪国法于不顾，仿效奸商非法贩卖谷、盐进出口，以每人20元的资本从事投机经营，不到4个月，就赚了70元的利润。此后又吸收其他县委机关干部入股扩大经营，牟取暴利。在刘洪清的影响下，于都各级干部大加效尤，争先恐后地从事非法活动，严重败坏了苏维埃政府的形象。同时，大批稻谷出口，于都城内谷价猛涨，人心恐慌，怨声载道。在广大群众的支持下，工作组一举清查出一个包括党政各级机关的腐败团伙，牵连党内9人、政府内18人、群众团体内5人。合作社工作人员中，由总社到各分社共有主任11人，会计、支书、采办员等18人涉案。犯罪人员之多，罪行之恶劣，令人触目惊心。

工作组通过一个月艰苦深入细致的调查，共查出贪污案件23起，涉案人员上起县委书记、县苏各部长，下至区、乡工作人员共计60余人。项英亲率巡回法庭到各区审判，违法人员均受到应有的惩处。大贪污犯刘仕祥、刘天浩、李其芬等4人先后被枪决。于都人民无不拍手称快。

1934 年 4 月 29 日,中央机关报《红色中华》刊登了项英撰写的《于都检举的情形和经过》,将"于都事件"的调查处理公布于众。这是当时涉及面最广、判刑最重、规模最大的反腐败案件,消息迅速传遍整个苏区,在各地引起震动,大大推动了苏区廉政建设的深入发展。

 ## 苏区干部好作风

> 苏区干部好作风,
> 自带干粮去办公。
> 日着草鞋干革命,
> 夜走山路访贫农。

这首昔日在赣南地区广为传唱的山歌,道出了人民群众对当年苏区干部工作作风的由衷赞叹。苏区政府是工农大众自己的政权,各级干部是人民的公仆,一切群众的实际生活问题,从土地、劳动问题,到柴米油盐,都是苏维埃干部所关心和着力解决的问题。临时中央政府主席毛泽东言传身教,堪称苏区干部的楷模。至今在当地广为流传的"红军井"的故事,就生动地体现出苏区干部对劳苦人民的无限关怀。

1933 年,毛泽东居住在瑞金的沙洲坝村。当地群众世世代代缺水喝,以至于有人编了首民谣:"有女莫嫁沙洲坝,有河无水洗被帕。"毛泽东听到后,立即找乡邻领着到村里人挑水的池塘去查看。堤坝内蓄存着雨期时留下的一池浑浊的死水，塘底乌黑的淤泥里不时地冒出一串串气泡，水面上漂浮着菜叶、草纸、死鱼。盛上来的水一闻，一股刺鼻臭味。毛泽东不住地摇头，决心另外找水源。

几天来，每当饭后闲暇，毛泽东便东奔西走，四处找水。一天傍晚，他沿着沙洲河徒步走了四五里，在鹅公岭山腰发现了一股山泉。望着汩汩流淌的清澈泉水，毛泽东擦了一把脸上的汗水，露出了会心的笑容。

经过周密计划，毛泽东发动临时中央政府的工作人员利用周末到山上砍回毛竹，打通竹节，然后将这些又粗又长的竹管一根连一根，一直接到山泉处。当甘甜的清泉引到沙洲坝时，全村群情激昂、人声沸腾。许多老人由家人搀扶着前来观看这激动人心的场面。

但引来山泉仍是一个临时性的办法。冬季来临，雨量减少，山泉也枯竭了。毛泽东再次皱起了眉头，他请来老农们共同商量，最后决定打井引水。在仔细地勘测水脉之后，井的位置选择在列宁小学前面。打井那天，毛泽东挽起袖子挥动镢头，刨开了第一块土……当汩汩涌出的井水流淌在人们面前时，宣告了沙洲坝群众祖祖辈辈缺水的日子从此一去不复返。村民们怀着对毛泽东的崇敬感激之情，在井旁建起一块石碑，上面刻写道："饮水不忘挖井人，时刻想念毛主席。"

在毛泽东等中央领导人的带动下，各级干部关心群众疾苦蔚然成风。村子的道路年久失修,干部们主动修整铺平;孩子们无处读书,干部们领导大家筹建列宁小学;群众一时买不到布匹、食盐,干部们立即赶往别区采购运回。广大人民深有感触地赞叹道:"红军共产党什么都想到了!""政府工作人员真正顾乐(关心的意思) 我们啊!"

整个苏维埃革命时期,各根据地处在敌人的包围之中,由于敌军残酷的军事"围剿"和严密的经济封锁,苏区的物质生活条件异常艰苦,但干部们和广大群众同甘共苦,"有盐同咸,无盐共淡",生活上低标准,工作上高要求,困难的环境反而更加坚定了苏区干部艰苦奋斗的意志。1929 年,安远县的革命形势曾一度转入低潮,县委书记杜承预等人隐蔽乡间,坚持工作,困苦之际不得不靠砍柴烧炭来维持生活。后来红五军再次攻克安远城,并与县委接上了联系。彭德怀军长了解到县委经费紧张,生活艰苦,派人将没收的约 30 两烟土和 200 元现洋送给县委充当活动资金。杜承预只留了一点儿烟土,亲自将现洋退还给红五军。他恳切地对彭德怀说:"砍柴烧炭卖,可以勉强维持生活,现洋留给你们作军费。鸦片烟土卖掉之后,买个油印机和救济几个死难同志的家属。"身经百战的彭德怀打量着面前这位衣衫褴褛的县委书记,感动得眼眶润湿,他紧紧握住杜承预的手,半天说不出话来。

1933 年,中央苏区经济更为困难,为了节约经费,家住苏区本地的干部主动从家中带粮食去办公;为了支援前线,保证红军将士吃饱饭,后方工作人员包括中央局和临时中央政府的负责干部在每月本来已经很少的口粮中再节约出 3 升米，每天只吃两餐，节省一顿粮食。当时有一句很响亮的口号："节约每个铜板为着战争和革命事业！"这也成为广大苏区干部基本的行为准则。

苏维埃政权的建立，一扫旧中国黑暗腐败的反动吏治，树立起立党为公、勤政为民、廉洁奉公的一代新风。江西军区司令员陈毅在 1934 年 8 月的一次战斗中大腿负伤，被送到瑞金治疗养伤，事务长见他体质虚弱，准备给他买点牛肉增加营养。陈毅知道后，严厉批评了事务长，并坚持与其他伤员一起吃饭。1933年冬，根据地经济陷入困难，江西省苏维埃主席刘启耀带头从家中带米去省苏食堂吃饭，不要公家发伙食费。当听到别人嘲讽他身为省苏维埃主席居然连口饭也赚不到吃时，刘启耀响亮地回答说，共产党的干部是以为人民谋幸福为己任的，此外别无所求。1935 年初，刘启耀领导游击队留守中央苏区，战斗中队伍被打散，他隐蔽乡间，一度靠乞讨度日。但他的腰间却藏着一包金银。他知道，这是党的活动经费，自己决不能因生活困难而挪用。直到 1937 年初，刘启耀陆续联络一批失散的同志，重新建立起中共江西临时省委，才将珍藏 3 年的金银拿出来交给组织。苏维埃国家银行行长毛泽民管理着苏区中央的金库，经手款项不下百万元，自己却囊空如洗，有时，他甚至向别人借钱用，被大家称为"贫穷的富翁"。粤赣省苏维埃政府粮食部长钟先灿负责掌管粮食，然而自己一日两餐稀饭，宁愿饿昏倒了，也要将每一粒粮食留给前方战士。在当年的中央苏区兴国县，干部们更给自己提出"十带头"和"四个模范"的严格要求，这就是：要带头学习政治、军事；带头遵守党的纪律；带头参军参战；带头生产劳动；带头执行勤务；带头购买公债；带头节约粮食，支援红军；带头优待红军家属；带头慰劳捐献；带头集股办合作社。努力做扩大红军的模范；做廉洁作风的模范；做土地革命的模范；做经济文化建设的模范。

群众观点、艰苦奋斗、廉洁奉公和模范带头是苏区干部优良工作作风的集中概括。正是通过这种优良的工作作风，使苏维埃政府干部在广大工农群众心中树起勤政为民的光辉形象，就连一些保守乡绅在目睹这一切后，也禁不住赞叹："尧天舜日，治平盛世，不图于今日见之。"

三 敌军"围剿"鏖战急

 黄洋界上炮声隆

井冈山根据地的巩固与发展，红色武装的日益壮大和土地革命的深入开展，令国民党南京政府胆战心惊，调集大军进犯根据地，企图将红色革命扼杀在摇篮之中。鉴于敌强我弱的客观形势，红军审时度势，执行正确的战略战术，在根据地人民武装的配合下，广泛地开展游击战争，多次挫败敌人的进犯。毛泽东、朱德在总结红军反"围剿"斗争经验的基础上，提出"敌进我退，敌驻我扰，敌疲我打，敌退我追"的十六字诀，成为指导红军游击战争的基本原则。1928 年 6 月，红四军取得龙源口战斗的大胜利，粉碎了敌军的第四次"进剿"，井冈山革命根据地达到全盛时期。蒋介石气急败坏，调动湘赣两省的国民党军队对井冈山发动了更大规模的"联合会剿"。

1928 年 7 月中旬，红四军主力远征湖南，第一次"联合会剿"未得手的敌湘赣两省联军趁井冈山根据地兵力空虚之际卷土重来，于 8 月 30 日又发动了第二次

"联合会剿"。湘敌第八军吴尚部三个团由酃县进犯宁冈大陇，赣敌王均部一个团出永新向宁冈茅坪推进，然后集两军四团之众合击黄洋界。敌军人多势众，来势汹汹，大有一举荡平井冈山之势。

面对敌兵大举进犯，湘赣边特委召开紧急会议。当时留守部队第三十一团陈毅安营驻在永新，第三十二团袁文才营驻在茅坪，井冈山上除伤病员和后方留守机关外，守军仅第三十二团王佐营和第三十团特务连，敌我力量十分悬殊。经过会议讨论之后，边界特委决定凭借有利地形，坚守井冈山，保卫根据地；同时令山下部队火速返回，共同坚守根据地。

8月29日，红四军第三十一团团长朱云卿、党代表何挺颖在团部驻地大井召开了连以上干部会议，部署反"会剿"的军事对策：陈毅安营会同大小五井的地方武装守卫黄洋界，正面阻击敌军进攻；袁文才营和宁冈县部分赤卫队在山下茅坪一线，担负牵制敌军的任务；王佐营和特务连的战士在酃县赤卫队配合下，分兵防守井冈山的朱砂冲、桐木岭、八面山和双马石等四大哨口。接到命令后，全体守山部队摩拳擦掌，士气高昂；根据地群众同仇敌忾擦拭土枪土炮，磨亮大刀梭镖；正在红军医院疗伤的数百名病员，也纷纷组织起来，削制竹钉，搬运弹药，积极帮助备战。

黄洋界是井冈群山的北高峰，海拔约1400米。山峰似剑，绝壁悬崖，一条蜿蜒的小路在群岭间曲折蛇行，一侧为千仞高山，另一侧临万丈深渊，最险处仿佛一条白带伸入云端，行人要抓住岩缝，攀藤附葛才能通过。山巅经常浓雾缭绕，无边无际，翻腾起伏，卷起阵阵惊涛骇浪，犹如一片汹涌澎湃的汪洋大海，故有"汪洋界"之称。真道是"过了黄洋界，险处不须看"。它像一座高耸入云的绿色围屏，矗立在井冈山的北大门，紧扼宁冈和酃县通往茨坪的咽喉。而这里正是红军防守的重点。

根据地军民同心协力，短短的时间内，黄洋界上就筑起五道防线。第一道用竹钉筑成，在敌军必经的山路两旁密密麻麻一直布满了三里多长。这种竹钉在锅里炒过，尿中浸过，既坚硬又带有毒性，杀伤力很大。第二道是竹篱笆防线，起阻滞敌军前进的作用。第三道防线是滚木擂石，群众配合部队砍伐了许多木头，又搬来巨石堆在山腰间，不但可阻挡敌兵，还可用于杀敌。第四道防线是数尺深的壕沟。第五道是山顶用石头筑成的掩体，也就是红军的作战阵地。据守黄洋界的陈毅安营的具体兵力部署是：哨口两侧的主要工事由4个排据守，阻击宁冈方向来犯之敌；哨口北侧的工事驻守一个排，警戒茅坪方向的敌军；另一个排在山顶作瞭望哨，监视山下敌军活动，掩护下面两个工事。大小五井的赤卫队员、暴动队员隐蔽在附近山头上，协助红军作战。军民众志成城，严阵以待。

30日清晨，黄洋界上大雾弥漫，云海茫茫，白蒙蒙的雾气里传来人喊马嘶的声音。原来，湘敌吴尚三个团先于赣军到达黄洋界山脚下。湘军自恃人多势众，武器精良，气焰极为嚣张。他们不等与赣军会合就发起进攻，想独贪攻占根据地"功劳"。

　　8 时许，阳光普照，大雾渐渐消散，群山显露出清晰的轮廓。湘军急不可待地发起了进攻，他们先用机枪朝黄洋界盲目地扫射了一通，不见动静，顿时神气活现，向山头蜂拥而上。半山腰，一道坚固的竹篱横截住去路，敌兵们又踢又推，费尽九牛二虎之力，才算打开一个缺口，继续向上爬。

　　红军和赤卫队员隐蔽在山头阵地里，俯瞰着敌军逐渐进入了有效射程，随着指挥员一声令下，顿时枪声齐鸣，一排排子弹射向敌群。几个战士砍断捆着滚木擂石的绳索，一刹那，巨石、圆木顺坡而下，犹如山崩地裂般向敌人劈头盖脸地砸去。遭到突然打击，敌兵纷纷逃命，慌不择路，有的冲向道旁草丛，双脚踩上尖刀般的竹钉，哇哇乱叫。最后，敌军狼狈不堪地退回山脚。

　　退下山的敌军不甘失败，重集兵力，改变战术，集中炮火猛轰哨口，借助火力的掩护，开始了第二次进攻。但由于地形的限制，山坡越陡，枪炮的射击仰角越高，火力优势越不能施展。狭窄的山路，敌军只能采取鱼贯式散兵线匍匐前进，兵力优势也难以发挥。红军战士则凭着"一夫当关，万夫莫开"的天险，居高临下，沉着应战，一次次打退敌军的进攻。激烈的战斗从上午一直持续到下午，黄洋界枪声不绝于耳，红军指战员越杀越勇。

　　下午 4 时许，湘军发动了更猛烈的进攻。山谷里烟雾腾腾，山头上枪声阵阵。鏖战一日，红军弹药即将用尽。这时，红军战士在制高点架起一门刚从军械处紧急搬来的迫击炮，对准敌军设在腰子坑的指挥部，一发，二发，第三发终于不偏不倚击中目标。随着炮声，哨口阵地的各种武器一齐开火。隐蔽在山头的赤卫队员也在煤油桶里燃放鞭炮，"劈劈啪啪"的声音好像机枪在射击。松树炮也点着了，"轰——轰"的爆炸声响成一片。此时，黄洋界上号声嘹亮，"打啊！""杀啊！"的喊声震天动地。敌军误认为是朱德、毛泽东率领红军主力返回了井冈山，慌乱中乘着夜雾，草草收兵；撤退途中，又遭到宁冈地方武装频频攻击，不敢停留，一直逃回湖南老巢——酃县县城。

赣敌王均部正经茅坪准备向黄洋界进犯，听到湘军溃败的消息，不敢贸然进攻，匆匆退回永新。这样，不足一营的红军，在根据地群众的配合下，凭借天险和勇敢，歼敌数百，击败敌军三个团的进攻，取得黄洋界保卫战的辉煌胜利。

9月上旬，毛泽东率红军主力返回井冈山，喜闻黄洋界保卫战的捷报，激情满怀，挥毫泼墨，写下了华章《西江月·井冈山》：

> 山下旌旗在望，
> 山头鼓角相闻。
> 敌军围困万千重，
> 我自岿然不动。
>
> 早已森严壁垒，
> 更加众志成城。

黄洋界上炮声隆，

报道敌军宵遁。

 赤溪河畔凯歌传

湘鄂两省边界地区群山连绵，沟壑纵横。巍巍的武陵山脉拔地而起，重峦叠嶂，横亘百里。山上树密林深，山间潺潺的溪流汇成的汹涌的澧水，穿过崇山峻岭，一泻千里。勤劳的湘鄂西人民世代聚居在这里，耕耘收获，生息繁衍。贺龙的家乡就坐落在这片青山绿水之间。

1928年2月，南昌起义部队失利后，贺龙受中共中央委派，回到湖北桑植洪家关，在家乡组织发动群众，开展土地革命，成立农村红色政权，建立了工农武装红四军。1929年初，红四军先后攻克鹤峰、桑植两座县城，建立了苏维埃工农民主政府，湘鄂边红色割据局面初步形成。

湘鄂边革命形势的发展，使国民党南京政府惊恐不安。蒋介石严令湖南省省长何键调兵"围剿"，湘西军阀独立十九师师长陈渠珍受命督率所部及团防武装进攻红四军。1929年6月下旬，敌十九师在湘鄂边界十余县地方武装配合下，气势汹汹地向根据地进犯。陈渠珍还命令驻永顺的嫡系主力向子云旅负责主攻桑植。

6月底，敌团长周寒之和永顺国民党县长率领两千人马为前锋，向桑植推进。其时，红四军尽管打过不少硬仗，但多与团防武装交手，同大股正规国民党军队交锋还是第一次。贺龙仔细研究敌情，决定采取诱敌深入、伏击歼敌的策略，挫败敌军的嚣张气焰。他一面派主力埋伏在澧水两岸八斗溪地区，一面派小股兵力引诱敌军。周寒之眼见红军不多，狂妄地下令猛攻。红军佯装败退，敌军不知是计，紧追不舍，进入红军伏击圈。只听一声枪响，红军伏兵四起，从八斗溪西北山上居高临下，冲进敌群，势如破竹，锐不可当。敌军仓皇撤到江边，未及渡江，即大部被歼。周寒之横尸江畔，大批枪支弹药尽成红军的战利品。

向子云原是贺龙的旧部，贺龙针对他刚愎自用、目空一切的弱点，战斗结束后特意写了一封信激怒他："不必再来攻，来则送枪而已。"向子云读罢果然暴跳如雷，将信撕得粉碎，立即电告上司要亲自出马。7月中旬，向子云率领三千多人离开永顺再犯桑植，他自恃人多势众，武器精良，行前发给每个士兵一条绳子，宣称要把红军一个个活捉回来。向子云还十分迷信，命令部下准备了许多竹筒，里面装满狗血、乌鸡血，幻想用这些污秽的东西来避邪取胜。贺龙针对敌情，仍决定采用诱敌深入方针，放敌军进城，然后"关门打狗"，予以痛歼。为了给敌人造成红军"恐惧败退"的假象，7月14日，贺龙下令将桑植城的东、西、北三面城墙拆毁，然后率红四军撤出桑植城，设伏于梅家山、白家冲一线，同时派一部分红军扼守城南大山，以断敌逃路。

澧水在桑植城西五里的赤溪一带奔腾而过，这一段江岸陡险，水流湍急，民谣云："放排只怕烂岩壳，摆渡只怕赤溪河。"从永顺方向进攻桑植，赤溪渡口是必经之地，平时仅有一只小船来回摆渡。这次，贺龙特地派十多个战士扮成船夫驾船泊在岸边。望着战士们疑惑不解的神情，贺龙意味深长而又幽默地说："向子云上次给我们送来那么多枪械，这次县城都不让人家进一下，也显得太不客气啰！"

骄横的向子云骑着高头大马，率领部队耀武扬威地向桑植进发。他一路走，一路狂叫："抓住贺龙，官升三级。"到了利福塔，红军的枪就打响了，向子云手一挥，敌军一拥而上，突破了红军第一道"防线"，直冲到赤溪渡口。向子云勒住战马一看，七八条小船一字排开泊在岸边，不禁狂叫大笑，立刻喝令士兵渡河，直驱桑植县城。

桑植城内行人稀少，各家商店铺门紧闭，全城死一般的沉寂。向子云以为红军早已吓跑，得意忘形，带领先头部队大摇大摆地开进城来，他一面电报上司邀功请赏，一面命令后续部队加快渡河，迅速向县城开进。

这时，进城的敌军立足未稳，赤溪渡口的敌军拥挤一团。趁敌军首尾不能相顾之时，贺龙一声令下，城外各山头顿时红旗飘扬，枪声四起。红军赤卫队漫山遍野，冲向县城。预伏在城内的红军也发起猛烈的攻势，里应外合，喊杀声响彻云霄。向子云如梦初醒，捶胸顿足，连声大叫："快撤，我们中了贺龙的'空城计'了！"

正当敌军惊慌失措、溃逃混乱之际，红四军出现在城东。战士们一色的红头巾，腰束红腰带，威风凛凛，像一条火龙直逼城垣。敌兵慌忙把事先准备的狗血、乌鸡血泼向"神兵"。然而，红军手中的大刀、长矛闪着寒光指向敌兵。敌人的两挺机枪一弹未发，就落入红军手中。不多时入城敌军就被歼大半。向子云集合残部，向南门突围，直奔赤溪渡口，企图逃走。红四军乘胜追击。这时，天气骤变，电闪雷鸣，下起了倾盆大雨。人生地疏的敌兵在风雨中慌不择路，四处乱窜，满身泥泞，狼狈不堪，不少敌兵掉进了水沟，淹死在池塘。

向子云逃到赤溪渡口再一看，原先的渡船早已无影无踪，身边的一群残兵败将，七零八落，溃不成军。早已等待在江畔的红军伏击部队猛然冲出，配合追击部队将残敌逼向河滩。一阵横扫，河滩上横七竖八堆满了敌兵的尸体，余下的纷纷缴枪投降。向子云慌忙溜下战马，照马屁股狠狠抽了一鞭，战马跳入江中，他紧紧抓住马尾巴，妄想泅水逃命。江面浊浪滔天，忽然一个巨浪打来，他手一松，便被大水冲得无影无踪。

赤溪之战，是贺龙回到湘鄂边以来第一次大捷，歼灭敌人一个旅，缴获步枪千余支，机枪十多挺，弹药和其他军用物资无数。红四军声威远震，队伍迅猛壮大，桑植、鹤峰两县的红色区域基本连成了一片，湘鄂边革命根据地已具雏形。

 飞将军自重霄入

1929 年初，井冈山的红四军在毛泽东的率领下，进军赣南、闽西地区，迅速形成了赣南闽西20余县的红色割据。他们占领吉安，威逼赣州、南昌、长沙，逐步发展为全国工农武装割据的中央苏区。红四军也发展为红一方面军，成为国民党南京政府的心腹大患。1930年10月，蒋介石在结束国民党新军阀内部的中原大战后，立即调兵遣将，对中央苏区发动疯狂的"围剿"。第一次"围剿"被根据地军民粉碎后，1931年1月蒋介石又令军政部长何应钦代行总司令职权兼陆海空军总司令南昌行营主任，调集湘鄂赣闽4省军队共22个师又3个旅，约20万人马，采取稳扎稳打、步步为营的方针，对中央苏区红一方面军发动第二次"围剿"。

3月下旬，参加"围剿"的各路敌军陆续南下，集结在中央苏区北部。在西起赣江，东至建宁的七百里漫长战线上，敌军呈一条弧形展开，"齐头并进，稳扎稳打"，以宁都为目标，开始向苏区腹地大举进攻。为配合地面作战，敌军又调派三个航空队进行侦察和轰炸。蒋介石狂妄宣称："三个月内消灭共军！"

当时，红一方面军总兵力为35000人，虽只有国民党军队的1/6，但因刚取得第一次反"围剿"的胜利，部队斗志昂扬，精神振奋，根据地军民团结，众志成城。面对优势敌军进攻，红军总部积极研究敌情，制定对策。4月中旬，苏区中央局在宁都的青塘河背村新屋底召开了军事会议。经过两天的讨论，与会代表最后一致同意毛泽东提出的"集中兵力，诱敌深入"主张。会议决定，采取由西向东横扫，先打弱敌，各个击破的作战方针，打破敌军的"围剿"，同时为以后苏区的发展创造条件。

在进犯的各路敌军中，王金钰第五路军从北方新到，士兵不服水土，不习惯爬山作战，士气不振，而且是杂牌军，对红军存有畏惧心理。红军总司令部遂决定以该敌为突破口，发动第二次反"围剿"作战，下令驻扎宁都的红军主力立即西移，在东固山区潜伏下来，伺机一举歼灭王金钰部左翼进占富田、固陂圩一带的公秉藩第二十八师和上官云相第四十七师。

红军主力3万大军穿过敌军间隙秘密挺进，神速到达东固地区。这里群山连绵，重嶂叠岭，森林茂密，灌木丛生。红军指战员像一只只敛威屏息的猛虎，静卧在林莽之间，等待战机。一天，两天……25天过去了，仍不见敌人出动。不少战士开始烦躁起来，甚至怀疑这种打法太冒险，担心走漏消息而遭敌军左右夹击。毛泽东仔细地分析了敌情，认为形势未变，说服指战员耐心等待，严守军纪。5月15日黄昏，红军总部电台捕捉到重要情报，即敌第二十八师公秉藩部与敌吉安留守处之间的明码电讯往返联络：

敌师部台：我们现驻富田，明晨出发。

敌吉安台：哪里去？

敌师部台：东固。

电讯人员马上将电稿送交司令部。红军总司令朱德与总政委毛泽东不约而同地说："鱼儿要上钩了！"指挥部立即忙碌了起来，前线指战员们也开始了紧张的战前准备。

富田与东固之间相距 40 里，中间横亘着一座高山，地势险峻，岩石嶙峋，只有两条大路相通，一条经九寸岭，一条经观音崖，都是"一夫当关，万夫莫开"的险要隘口。红军主力分三路出击：红三军团为左路，于 15 日赶到江头村隐蔽，16 日向固陂、富田攻击，实施迂回包抄；红三军为中路，沿东固通向中洞大道前进，侧击公秉藩部；红四军、红十二军为右路，担任抢占九寸岭和观音崖的任务，正南迎击敌人。红军总司令部设在东固通中洞大道北侧的白云山上。

红军各路部队精神抖擞，按总部布置迅速行动。15 日半夜时分，毛泽东策马扬鞭亲自来到红三军军部，与军长黄公略再次查勘路线。结果，在中洞大道的南侧又发现了一条荆棘丛生的小路，便当机立断改令红三军沿着这条人迹罕至的山道包抄敌军右翼。借着朦胧的月光，战士们翻山越岭、攀藤附葛，迅速向敌后猛扑过去。

5 月 16 日清晨，公秉藩率部离开富田，向东固前进，队伍在蜿蜒的山道上成一列纵队行军，首尾达五六里长。队列中有三顶大轿，公秉藩身穿纺绸衫，神情悠闲地斜躺在凉轿中，另两顶大轿里分别坐着副师长和参谋长。

在紧张的临战气氛中，红军总部全体人员又度过了一个不眠之夜。拂晓时分，总部到达东固附近的白云山脚下。毛泽东率参谋人员先行登山，朱德带领警卫部队沿公路搜索敌情。不久，一个通信员来报告：在正前方小桥以西大路上发现敌人尖刀排。军情紧急，朱德总司令立即命令总部警卫部队迅速在桥东展开，抢占有利地形狙击敌人，为红军后续部队的到来争取时间。

上午9点，红军第二次反"围剿"战斗的第一枪打响了。红军总部警卫部队与敌人遭遇，双方展开激战。敌军依仗人多势众，向我军阵地猛攻，警卫部队顽强反击，死死拖住敌军。10时，红军主力赶到，立即投入战斗。在枪炮声中，朱德与毛泽东率总部人员迅速登上白云山，将司令部设在山顶，指挥整个战役。无线电队则驻在半山腰，严密监听敌情。山下枪炮轰鸣，喊杀声汇成一片。

敌军抢先占据了九寸岭和观音崖两个山头，加紧修筑工事，企图固守。午后2时，红四军接到总部夺取两处制高点的命令。一声令下，指战员们跃出战壕，冒着敌军的枪林弹雨，奋不顾身地向山顶攀登。但山高坡陡，山巅敌兵密集，火力过猛，仰攻的红四军损伤严重，一度被压在半山腰抬不起头，进攻受阻。在危急关头，抢占了邻近山头的红十一师指战员迅速架起迫击炮，向两处山头的敌军猛轰。借着滚滚的硝烟，红四军的战士们强行登上山顶。夺取了制高点的指战员们居高临下，向山谷中拥挤在一起的敌群猛烈扫射。马践人踏，敌兵死伤累累，余者纷纷投降。公秉藩早已跳下了轿子，率领残部四处逃窜。

抄小路向中洞隐蔽前进的红三军见敌军仓皇奔逃而来，便迎面包抄。在军长黄公略的指挥下，从两侧山坡横压下来，直捣敌群。一时间，白云山下军号齐响，杀声震天，陷入绝境的敌军连连呼救，公秉藩部电台徒劳地发着求援的信号……

经过 5 个小时的激战，公秉藩师被全歼。红军乘胜直逼敌巢富田，与迂回敌后的红三军团一举消灭敌第四十七师第五旅，攻克富田。中洞之战，战果辉煌，共俘虏敌副师长王庆龙以下 7000 余人，击毙敌旅长柴乔松等 2000 余人，缴获步枪 5000 支、机枪 50 多挺、迫击炮 30 余门、山炮 2 门。师长公秉藩也一度落网，后化装混在俘虏中误释逃脱。

第二次反"围剿"首战告捷，各路红军会师富田，按照预定计划，挥师东进，连连出击，各个击破敌军。从 5 月 16 日到 31 日，15 天内红军由西向东，横扫 700 里，五战五捷，歼敌 3 万多人，缴枪 2 万余支，痛快淋漓地粉碎了敌人的第二次"围剿"。

在胜利的凯歌声中，毛泽东诗兴大发，挥笔写下《渔家傲·反第二次大"围剿"》，描绘了红军气势磅礴的战斗英姿，同时辛辣地嘲讽了蒋介石"围剿"中央苏区的再次破产！

白云山头云欲立，

白云山下呼声急，

枯木朽株齐努力。

枪林逼，

飞将军自重霄入。

七百里驱十五日，

赣水苍茫闽山碧，

横扫千军如卷席。

有人泣，

为营步步嗟何及！

 围城打援克黄安

鄂豫皖革命根据地地处湖北、河南、安徽三省交界的山区。气势雄伟的大别山脉位于中央，四周木兰山、天台山、万紫山、大雾山、桐山等诸峰纵横盘结。根据地绵亘数百里，襟长江而带黄河，北窥豫中，南瞰武汉，东控江淮平原，西据京汉铁路，山川交错，水泊棋布，土地肥沃，物产丰富。鄂豫皖苏区的逐渐壮大，中国工农红军第四方面军的建立，被国民党南京政府视为眼中钉、肉中刺，必欲除之而后快。他们不断地调兵遣将，发动"围剿"，妄图扑灭红色革命。1931 年 9 月，继国民党军队对鄂豫皖苏区的第一、二次"围剿"失败后，敌赵冠英第六十九师又进驻根据地南部边境的黄安，并频繁出动，威胁根据地安全。于是，在敌军将发动第三次"围剿"之前，红四方面军总部决定主动出击，发动黄安战役，解除来自南部敌人的威胁。

黄安敌军赵冠英部有 2 个旅，4 个团，共 1 万余人。由于该城地处前哨，敌军修建了坚固的工事，城内外碉堡林立，火力点星罗棋布，加上蛛网般的堑壕、交通沟，构成严密的防御体系。但是第六十九师驻防时间不长，人生地疏，加之处于苏区边境，位置孤立突出，城内存粮不足，主要依靠后方接济，对麻城、宋埠、黄陂之敌依赖性很大。由于游击队的不断袭击，交通时常断绝，敌军补给困难，士气不振；而且第六十九师是杂牌军，战斗力不强。红军经过仔细侦察和充分考虑后，决定围城打援，逼敌就范，然后攻克黄安。于是红四方面军在总指挥徐向前和政治委员陈昌浩的率领下，挥师南进。1931 年 11 月 10 日夜，黄安战役打响，同时拉开了鄂豫皖红军第三次反"围剿"作战的帷幕。

战役一开始，红军便迅速插向黄安城的外围地带，夺取要地，控制重镇。经过十多天的战斗，红军全部肃清城外敌军 8 个据点，完全切断了黄安守敌与外界麻城、黄陂的联系。赵冠英连遭打击后，收拾残兵龟缩于县城固守。红军在完成了战役第一步的围城计划后，随即转入打援的部署。

第六十九师固守城中月余，粮弹将尽。而且天寒地冻，士兵衣破被薄，内部又充满倾轧，士气低落。赵冠英心急如焚，接连向武汉发出告急电报，要求救援。12 月 7 日，驻宋埠的敌第三十师两个旅在师长彭振山率领下，向黄安挺进。这正好中了红军"围城打援"之计。红三十三团诱援敌经桃花镇进至红军主阵地的嶂山地区，预先埋伏在两翼的红十一师乘敌立足未稳，凭借有利地形向敌军发起猛烈进攻，一举歼其先头团，敌余部连夜潜逃。红四方面军总部随即调整部署，准备打击更强大的援敌。

18 日，驻黄陂的敌葛云龙第三十二师和驻宋埠的

第三十师之一部共 8 个团，分别从坡亭、宋埠再次北援。红十一师在师长王树声指挥下坚守嶂山，与敌军展开激烈的厮杀。嶂山战斗是关键的一仗，整个战役胜败在此一举。敌军似乎也意识到此战的重要性，摆出一副拼命的架势，在密集的炮火掩护下，组织集团冲锋，凶狠地向红军阵地猛扑。红军指战员集中火力顽强抵抗，寸土不让。敌"敢死队"一度突破红军防线，冲上山腰，一直进至红十一师指挥所附近。王树声与政委甘济时及时组织师部手枪队、通信队与敌军展开激战。红四方面军总指挥部得知军情危急，当即命令预备队红三十团迅速沿倒水河西岸向敌左侧迂回，调红十二师三十五团配合三十团从王家畈向敌右翼包抄。徐向前亲自率领总部手枪营，赶往前沿阵地。

徐向前站在山顶的松树下，镇定自若地观察敌情变化。一颗子弹击中了他的右臂，他若无其事地一挥左手，坚定地命令："手枪营冲锋！"

在嘹亮的号声中，手枪营的战士们一跃而起，一手提枪，另一手挥刀，如"天兵天将"突然出现在战场上。战士们冲进敌群中，跳进工事里，枪击刀砍，与敌人混战在一起。周围群众与游击队、赤卫军也赶来参战。一时间，军号声、冲杀声、枪炮声，汇成一片，震撼山谷。包抄两翼的红军也及时赶到，发起猛攻。在三面火力夹击下，敌人死伤累累，溃不成军。红军乘胜追击，进逼宋埠、黄陂。敌军只好缩进据点，再也不敢出动。

这时，黄安守敌被围已经 42 天，军心更加动摇。

红四方面军总指挥部认为攻城条件成熟，遂下令总攻。

12 月 22 日，瑞雪初晴。起伏的山峦蒙上一层白雪，更显莽莽。在鄂豫皖苏区首府新集机场上，红军的第一架飞机"列宁号"正"整装待发"。红四方面军总政委陈昌浩身穿一件棉大衣，戴着皮帽和风镜，登上飞机后座，亲自执行轰炸任务，配合地面部队攻打黄安城。

在人们的欢呼声中，飞机冲上蔚蓝的天空，直向西南飞去，然后再转向东北，佯作从汉口方向飞往黄安。黄安守敌听到"嗡嗡"的飞机轰鸣声，误以为是派来投掷救援物资的，纷纷举起双手，站在高处向飞机挥舞。飞机降下高度，低空绕城一周，撒下一片传单。当驶到敌城防制高点课子山时，陈昌浩将炸弹投了下去，顿时，"轰""轰——轰"的爆炸声惊天动地。

敌军慌作一团，红军阵地上则是一片欢呼雀跃。这是中国红军战史上第一次出动自己的空军配合参战。

"列宁号"炸毁了课子山敌核心工事，红军黄安独立团乘机猛攻，歼灭守敌一个营，占领了这个制高点。

当晚，红四方面军发起了总攻。徐向前率领主力部队攻打县城，陈昌浩指挥部分红军在赤卫队的配合下负责在郊外围歼逃敌。22 时，一颗红色信号弹照亮了漆黑的夜空。霎时，号声四起，喊杀震天，红军战士趁着夜色直扑城垣，并迅速架起云梯。担任主攻的红三十五团首先登上西北角城墙，与敌军展开巷战。赵冠英看到败局已定，在亲信的护卫下仓皇逃命。狡猾的赵冠英让秘书穿上他的军服，骑上大白马，率领残兵败将向南门突围，自己则换上便装，混杂在乱兵中，从西门溜出城外。午夜过后，黄安城内枪声逐渐平息，红军占领了县城。

溃散出城的敌军被陈昌浩指挥的部队和赤卫队团团围住，在阵阵"缴枪不杀，优待俘虏"的喊声里，走投无路的敌军纷纷缴械投降。陈昌浩下令彻底搜捕残敌，打扫战场。天亮以后，几个赤卫队员押来一名伙夫打扮的胖老头，一条肮脏的绷带缠在头上，蒙住了半边脸。陈昌浩扯掉那条绷带，伪装的赵冠英原形毕露，当即瘫倒在地。

黄安战役历时 43 天，共歼敌 15000 余人，其中俘敌师长赵冠英以下近万人，缴枪 7000 多支、迫击炮 10 多门、电台 1 部。黄安之战是红四方面军建立后的首次大捷，也是鄂豫皖红军运用"围城打援"战术取得辉煌胜利的典范战役。黄安的攻克，使麻城、黄陂、孝感、罗山等县的红色区域连成一片，巩固并扩大了苏区；同时迫使南线敌军处于守势，不敢轻易向鄂豫皖根据地进犯，为粉碎敌军第三次"围剿"奠定了基础。

为纪念黄安战役的胜利，苏区军民在黄安县城召开隆重的庆祝大会，宣布将"黄安"改名为"红安"。

 高虎脑威慑敌胆

蒋介石在对中央苏区发动的第四次"围剿"失败后，便积极酝酿更大规模的军事"围剿"。他吸取以前失败的教训，提出了"总体战"的战略方针：政治上，在根据地周围地区实行保甲制度和"连坐法"；经济上，对根据地加紧物资封锁；军事上，采取持久战和"堡垒主义"的新战略；同时还开办庐山军官训练团，购买新式武器，加强对国民党军队的装备和训练。经过长达半年的充分准备，1933 年 10 月蒋介石调集了 50 万兵力，自任总司令，对中央苏区发动了空前规模的第五次军事"围剿"。敌军以中央嫡系部队组成北路军，担任进攻的主力；另以湘、粤地方军队编成的西路军和南路军会同驻防福建的第十九路军，分头负责阻止中央红军夺路突围的任务。

敌人重兵压境，形势严峻，中央苏区军民又面临着一场生死攸关的搏斗。但是，此时中央根据地红军主力已达到 8 万多人，第四次反"围剿"胜利后，中央苏区与闽浙赣苏区连为一体，为红军作战提供了更大的回旋空间，广大人民群众踊跃支前，红军指战员士气高昂，军民同仇敌忾。利用这些有利条件，继续灵活运用历次反"围剿"战争的成功经验，再次打破敌人的进攻也是有可能的。然而，毛泽东这时已被排挤出红军的领导岗位，共产国际军事顾问李德在中共临时中央领导人博古的支持下，全盘掌握了红军的最高指挥权。他脱离中国的实际情况，盲目搬用苏联红军正规战争的经验，抛弃了红军行之有效的游击战、运动战等积极防御的战略原则，先是实行军事冒险主义，主张"御敌于国门之外"的方针，在使红军遭受重大损失之后，转而又变为军事保守主义，采取消极防御的战略和"短促突击"的战术，强令装备很差的红军同配备新式重型武器的国民党军队打正规战、阵地战和堡垒战，同强敌拼消耗。广大红军指战员虽然英勇奋战，但在节节防御中屡遭失败，敌人向中央苏区腹地步步推进，苏区日益缩小。到1934年5月底，敌北路军连陷广昌、建宁，前锋直指中华苏维埃共和国的首都瑞金；驻福建的敌东路军由朋口、连城，推进长汀；敌南路军经筠门岭向会昌进逼。面对严峻的军事形势，中共中央开始考虑放弃中央苏区，部署战略转移，中央红军的反"围剿"作战也进入了最艰难的时期。

7月23日，中革军委发布关于敌情和我军行动的通报，部署红军六路抗敌的行动计划。危急时刻，彭德怀受命指挥红三军团赶往瑞金以北石城县的高虎垴一线布防，抗击敌汤恩伯、樊崧甫部的进攻，保卫红都的北大门。

高虎垴系石城县半桥（今为贯桥）村的后龙山，形状像一只仰首蹲坐的猛虎，主峰海拔406米，山岭绵延七八里，地势险要，扼控着广昌南下石城的公路，是瑞金北面的天然屏障，具有重要的战略地位。为阻滞敌人的南下，掩护党中央和临时中央政府安全撤离瑞金，红三军团决定依托这一带有利地形，严惩来犯之敌。红三军团的部署是：以画眉寨、良田以北高地及高脚岭、赖禾嵊为警戒地带，由红三十四师防守；高虎垴、王土寨与鹅形、香炉寨为主要防御地带，由红五师防守；画眉山、老寨、宝峰山和蜡烛形一线为侧翼突击地带，由红四师布防。红军指战员开赴阵地后，立即动手修工事，筑堡垒，支撑点用松木、泥土、石块、柴棘等垒成，顶盖有两三尺厚，主堡辅堡构成交叉火力，各堡垒间挖出交通沟纵横相连，前沿阵地埋上地雷、竹钉、鹿砦，山顶堆积滚木擂石。战士们斗志昂扬，严阵以待。

敌军沿广（昌）石（城）公路东西两侧南下，汤恩伯第十纵队3个师为左路，樊崧甫第三纵队3个师为右路，采取"步步为营"的堡垒战术，稳步推进，8月初在高虎垴与守卫此地的红三军团狭路相逢，双方展开了第五次反"围剿"中最为惊心动魄的一战。

8月5日拂晓，淡淡的晨雾尚未散尽，七八架敌机便出现在低空盘旋，首先对红军阵地实施"地毯式"轰炸，伴随着飞机俯冲时的呼啸声，炸弹在阵地上掀起冲天的烟尘，大地震得摇摇晃晃。接着，敌军的大炮也开始吼叫起来，密集的爆炸声连成一片，震耳欲聋。红军部分碉堡、掩体被击中，顿时土石乱飞；山头的树木和鹿砦起火，烟雾滚滚。猛烈的轰炸之后，敌军向红军防线发起了疯狂的进攻。

担任高虎垴、打着王土寨等主阵地守卫任务的是红五师十三团，在团长王镇和政委苏振华的指挥下，战士们迅速抖掉掩盖在身上的浮土，抓起保护在身下的钢枪和手榴弹，静静地趴在工事里，愤怒的目光紧紧盯住气势汹汹的敌人。敌军在高虎垴狭窄的山坡前一下子摆上了一个团的兵力，采用营方阵的集团冲锋队形，数百人排成方队，持枪大踏步地冲上山来。当敌人进入了射程之内，随着红军指挥员一声令下，机枪、步枪一齐开火，数百枚手榴弹投向敌群，阵地设在后山的红军迫击炮连也瞄准敌人密集的方队一阵猛轰，敌兵狂嚣的冲杀声立刻变成了凄厉的号叫，山坡前顿时躺下了一具具敌军尸体，其余的狼狈逃回山脚。

敌军发动了更猛烈的轰炸，敌机轮番向高虎脑投弹、扫射，各种大炮也一齐对准红军阵地轰击，重炮弹、硫磺弹、燃烧弹、烟幕弹像雨点般倾泻下来，呛人的火药味和刺鼻的血腥味弥漫在空气中。在连续不断的猛烈轰击下，红军坚固的土木工事大半被摧垮打塌，幸存的也东倒西歪，破烂不堪。堡顶合抱粗的原木被炸成了碎节，横七竖八被压埋在泥土和乱石底下，许多隐蔽在堡垒中的战士被活活压死，各连队伤亡剧增。敌步兵在炮火掩护下，又发起了冲锋。

敌人以"庐山军官训练团"受训过的40余名中下级军官为骨干，拼凑起一支敢死队。他们个个腰束武装带，脚蹬长筒靴，手提德国造"二十响"驳壳枪，气势汹汹地冲在最前面，后面紧跟着黑压压的一片敌兵。眼看敌人接近山头，红军战士们顾不得裹伤擦汗，纷纷从塌陷的堡垒中爬出来，英勇地投入战斗，轻重武器喷吐出长长的火舌，愤怒地吞噬着敌人。三挺重机枪构成交叉火力网，集中歼灭敌军官敢死队，打得敌人尸横遍野，血染山冈。跟随在后面的敌兵见敢死队死伤惨重，顿时吓得丢盔弃甲，抱头鼠窜，再次败下山去。

在督战队的驱赶下，敌人打退一批又上一批，激烈的鏖战一直持续到下午。红军指战员愈战愈勇，战斗减员便由团部、后方勤杂人员补充，武器不足便拣起敌人丢弃的枪弹使用，子弹打光后便用大刀砍，石头砸，来不及修复工事便把敌尸作掩体，在"为苏维埃流尽最后一滴血"的口号鼓舞下，紧急关头战士们奋不顾身地跃出战壕，与敌人展开英勇的肉搏战。敌军冲锋，红军反冲锋；敌人又攻上来，红军再拼下去。双方在弹坑里、堡垒间反复争夺，断裂的枪刺、血污的绷带、歪扭的钢盔和砸瘪的水壶遍地都是，缺肢少腿的敌尸密密麻麻，负伤没死的敌兵倒在尸堆里惨叫哭号。坚强不屈的红军指战员忍饥挨渴，冒着酷暑，前后6天，每天从黎明战斗到黄昏，打退敌军一次次冲锋，始终牢牢地守卫住高虎垴阵地。6天里，敌军死伤4000多人，伤亡团长6名、营长10多名，连、排长达400多名。敌主力第八十九师基本丧失了战斗力。敌军在遭到沉重打击后不得不暂时停止了进攻。10日晚，红三军团在胜利地完成了阻击任务后奉命转移。

高虎垴之战是第五次反"围剿"中敌我双方"堡垒战"的最高峰，红三军团放弃"左"倾主义者"短促突击"的错误战术，"利用特殊地形，采取反斜面山脚边，完全出敌不意"的灵活军事动作，使敌军"在五次战役中第一次碰上了硬钉子"。高虎垴战役的辉煌战果大大鼓舞了中央红军的斗志。它虽然不能扭转第五次反"围剿"的败局，但却为红军主力和苏维埃中央政府的战略转移赢得了宝贵时间。

四 自救图存兴经济

分田分地喜洋洋

　　开展土地革命，废除农村封建半封建的土地制度，是苏维埃革命的基本任务，目的就是满足广大农民对土地的要求。在苏维埃区域内，基本群众和红军士兵的主要来源都是贫困农民，他们对农村最基本的生产资料——土地尤为关注。各级苏维埃政府成立伊始，便将分配土地列为头等大事。但变更沿袭千余年的封建土地所有制，毕竟是一项全新的事业，苏维埃政权通过长期实践和不断摸索，最后才形成了一套切实可行的土地革命政策的。

　　井冈山根据地建立之初，苏维埃政府便发动群众打土豪、斗恶霸，调查土地，实行分田，1928 年 12 月制定出土地革命时期的第一个土地法《井冈山土地法》。1929 年 4 月，红四军转战赣南，根据中共"六大"的精神，在兴国县制定并颁布了《兴国土地法》。1930 年 2 月 7 日，毛泽东等在赣西南的吉安陂头召开军政联席会议，讨论通过了一个 4 章 33 条的《土地法》，史称"二七"《土地法》；1931 年 2 月，苏区中央局通过了《土地问题与反富农策略》。至此，共产党人终于基本认识并改正了以往分田过程中存在的一些突出的"左"倾错误，解决了土地革命中没收对象、阶级路线、分配方法和土地所有权等一系列重大问题。其具体内容为：首先，将没收土地的对象由初期没收一切私有土地，改为没收公共土地和地主阶级的土地。其次，土地的分配原则与方法由按人口打乱平分改为以乡为单位，以人口为标准，在原耕地基础上抽多补少、抽肥补瘦、平均分配。再次，土地所有权由苏维埃政府公有改为归农民所有。最后，在阶级问题上，形成了依靠贫雇农，团结中农，限制富农，保护中小工商业者，消灭地主阶级的土地革命路线，宣布废除封建半封建的土地所有制，将田地无偿地分配给农民耕种。随着上述路线和政策的形成，土地革命在各地苏区轰轰烈烈地开展起来，到处是一派"分田分地真忙"的景象。

1930 年年初，毛泽东、朱德率领红四军回师赣南，击溃国民党反动派的地方武装，一举解放了大片地区。3 月下旬，以曾山为主席的赣西南苏维埃政府宣告成立，立即着手进行土地的分配工作，一场分田运动在赣西南地区迅速而普遍地开展起来。

在于都县，声势浩大的分田运动正式开始前，县委和县苏召开了有各区、乡党组织、苏维埃政府和贫农团领导人参加的分田会议，认真学习分田政策，研究具体的实施方案。会议确定：

（1）土地分配以乡为单位，贯彻以原耕土地为基础，抽多补少、抽肥补瘦的原则，把土地按优劣程度分为三等，根据人口多寡平均分配。当乡与乡之间人均土地数量过于悬殊时，则作适当的调剂。各乡均需留出一定数量的公田，作为公用或分配给移民。

（2）各乡的茶山、竹林按户平均分配，大片山林则由全村联合经营，共同使用。但粗大成材的树木，归苏维埃政府统一管理。当群众因生产或生活上需要木料时，报经政府批准后，可免费采伐。

（3）矿山全部由国家经营，禁止私人开采。

（4）鱼塘一般以村或数村为单位，按水面的面积和人口数平分后合伙经营。

（5）地主、豪绅和其他反革命分子的财产，以及富农多余的房屋、耕牛、农具等，全部没收归公，分配给村中缺少生产工具或生活资料的贫苦农民使用。

（6）贫困农民欠豪绅地主的债务，一律取消；豪绅地主欠贫困农民的债务，不论新旧，都要清还。

在县苏维埃政府的指导下，各地的土地分配工作扎实而有序地进行。首先，各乡、区陆续建立了以贫雇农为核心的贫农团，作为分田运动的中坚力量。全县共有贫农团团员近5万人。贫农团委员会一般设3～5名委员，选出贫、雇农主任各1名。翻身后的贫雇农以饱满的热情投身到分田运动中，成为土地革命的先锋和主力军。其次，以贫农团为基础，各乡村分别组织成立了分田委员会和山林分配委员会，负责丈量土地、埋插丘标和将土地、山林分配到各家各户。这次土地分配中，于都全县红色区域分配的土地共有85.8

万多担，按人均分配，最高的乡每人可分得 8 担田，一般是 6 担，最少也有 5 担 7 斗。

在楂林乡，根据分田委员会的调查结果发现，仅占全乡人口 1% 的地主竟霸占了全乡田地的 40%；富农占人口 5%，却占有田地的 30%；归地主、富农把持的公堂，占据田地的 10%；而占全乡人口 94% 的贫雇中农，仅仅拥有 20% 的土地，不得不依靠租种田地维生。地主豪绅对农民进行残酷的剥削，仅田租一项一般占收获量的 50% 以上，他们不仅夺去了农民的全部剩余劳动收入，而且侵夺了农民必要劳动的一部分，给广大农民造成了极大痛苦，严重阻碍了农村社会生产的发展。“均田”、“耕者有其田”，是世世代代丧失土地与遭受剥削的农民日夜渴求的梦想。如今，在苏维埃政府领导下，无地农民渴望田地的愿望终于实现了。

于北区琵琶垅村祠堂外的广场上，村民大会正在热烈召开。主席台前的空地上堆积着没收来的地主豪绅和公堂的田契、债约。随着苏维埃主席一声令下，纸堆燃起熊熊火焰。顿时，人群中响起一片欢呼声。贫苦农民清楚地知道，这大火烧毁的不仅仅是一张张契约，而是焚毁了整个旧制度，新的生活从此开始了！

根据分田委员会与村民代表调查统计的田亩和人口数目，委员会将全村男女老少每人应分得的土地写成分田榜，由土地科长当众宣读公布，请求全村群众评判。有两家中农看了榜后抱怨调查不公正，随即有几名贫雇农站出来与他们仔细算账，驳得这两家人哑口无言。最后，村苏维埃主席在热烈的掌声中庄严宣布分田方案及分田名单。

田野里插起了许多丘标，写着新田主的姓名。散会后农民们顾不得回家吃饭，成群结队地涌向田间，查看自己新分得的土地。

贫农张文桃一家 5 口人原来只有 3 担谷田，如今一下子又分了 27 担谷田，连参加了红军的儿子也分到一份。他站在田埂上，抚摸着地头竖立的分田牌，望着上面写有"张文桃，五口人，三十担田"，激动万分，禁不住蹲下身来抓起一把泥土，在手中细细捏碎后撒到田里，随后转身对小孙子说："好伢子，回去写信告诉你爸，狠狠打白狗子，保卫咱们的苏维埃！"

雇农张世平过去靠租种地主的田地维生，全家人披星戴月，辛苦终年，收获的粮食交租后所剩无几，每年总有七八个月靠吃野菜、谷糠活命。一家三口人挤在一间破烂的稻草棚里，真可谓"上无片瓦，下无立锥之地"。如今他家不仅分到了 18 担谷田，还分到了两间房屋和一些农具、被褥。搬进新屋那天，村苏特意组织乡邻来帮忙。打量着新分到的房子，看着干部们忙前忙后，张世平抑制不住内心的欢喜，紧紧握住村苏主席的手，热泪盈眶。

互助共存闹生产

频繁的战火给经济本已落后的苏区带来了严重破坏，更由于敌人对劳动力、耕牛、肥料、种子等生产要素疯狂地掠夺、摧残，给分到土地的农民带来了生产上的极大困难，造成了各根据地农业产量剧减。1931年年底，国民党在第三次军事"围剿"再遭失败后，又加紧了对根据地的经济封锁，使各苏区经济形势进一步恶化，到1932年，中央苏区的部分地区已出现粮食紧缺的局面。农业是根据地经济的基础，苏维埃临时中央政府加强了对农业工作的领导，努力发展生产，自救图存，以粉碎敌人的经济扼杀。1933年2月，中央政府人民委员会第36次常务会决定设立各级国民经济部，委任邓子恢兼任中央国民经济部部长，直接指导经济建设。4月，中央政府又提出"争取粮食产量提高一成"的口号。各根据地迅速行动起来，掀起了前所未有的群众性农业生产高潮。

阳春三月，春雨绵绵，洗去严冬残迹的赣南大地显露出盎然生机。正值春耕时节，中央苏区人民积极响应苏维埃政府的号召，全力投入春耕生产，不论清晨还是黄昏，田间地头都有劳动的人群，年轻的耕田，年老的耙地，女的挑肥料，小孩送水送饭，处处是一派繁忙的劳动景象。

兴国县地处赣南贫困山区，原本人口稀疏，劳力缺乏，年初扩红运动中多数青壮年又都踊跃参加了红军，不仅劳力更加紧张，而且还有大批红军家属需要照顾，再加上自然灾害和敌人的杀掠造成耕牛严重不足，这都为春耕生产的顺利进行带来了重重困难。兴国县委和县苏认真落实中央政府《劳动互助社组织纲要》的指示精神，及时引导农民组织起来，建立了耕田队、犁牛合作社等组织，一场互助合作运动轰轰烈烈地开展起来。该县的长冈乡劳动互助组织得尤为有声有色，受到了中央政府的表扬。

长冈乡16`岁至45岁的青壮年男子共计407人，其中外出当红军、做革命工作的有320人，占总数的79%；全乡437家农户中无牛的有109家，占25%，有牛户中两家或两家以上合养一牛的占50%。显然，传统的以一家一户为生产单位进行劳动的耕作方式无法满足当前春耕生产的迫切需要，于是劳动互助社组织便应运而生了。

劳动互助社的主要任务是社员互助、优待红军家属和帮助孤寡老人。长冈乡劳动互助社以乡为单位，凡是雇农、贫农、中农，不论男女老幼，都可参加，共有社员300多人。互助社由社员大会选举出5人组成委员会，1人为主任，全乡4个自然村各有1名委员。互助社以生产小组为单位，集体劳动。生产小组则根据住处远近、平时感情亲疏、劳动力强弱适当搭配的原则编成，公推一人为组长，领导生产。每个社员事先将自己从事生产的时间安排报告委员，委员登记造册再报告主任，最后由委员会根据农忙期间每天生产所需人工与所能提供的人工来制定调配计划，在交社员大会讨论集体通过之后，便有组织地统一安排各生产小组具体实施。同时，分配劳力时要优先安排帮助红军家属耕田的人工。当社内人工不能满足劳动所需时，则与别区农事较迟或已完成的互助社订立互助合同，在更大范围内进行劳动力调剂。

劳动互助社坚持自愿互利的原则，既注意处理好社员之间的经济关系，也注意兼顾各方面的利益。这些在调配劳动力时都有所规定：

（1）帮助红属。自带饭包（红属供菜）和农具，劳动不收工钱。但每个劳力帮红属每月限定 5 天工。

（2）优待孤老。自带农具，孤老包饭菜，不收工钱。每个劳力每月帮助孤老限定 5 天。

（3）群众互助。每天工钱两毛，男女同工同酬，农忙农闲时一样。红属帮红属，工钱每天一毛半；红属帮群众，工钱每天两毛。

劳动互助社社员间互相帮工时的工钱不需现金当场支付，而由委员会进行登记，即帮别人所得的工钱记为"来数"，受别人帮助应付的工钱记为"去数"，到秋后二者相抵，如有多的，由劳动互助社付钱，少的则照数交款给互助社。确实无现款可交者，可以交谷兑换现款。如有既无现钱又无余粮者，在征得社员的同意后，可准其以后帮助别人做工，用以抵扣。

长冈乡劳动互助社在全乡范围内最大限度地调剂了农村劳动力，保证了农业生产不误农时，保障了人民的基本生活，切实解决了红军家属的困难，推动了扩展红军的工作，同时也保护了广大农民群众的切身利益，极大地提高了贫苦农民发展生产的积极性，因而得到了各阶层群众的广泛拥护，全乡大多数农户加入了互助社。广大社员不仅耕种好分得的田地，还依靠集体的力量开垦出大片荒山，兴建了许多水利工程。苏维埃临时中央政府主席毛泽东在实地考察后高度评价长冈乡的劳动互助运动,指出:"劳动互助社在农业生产上的伟大作用,长冈乡明显地表现出来了……长冈乡扩大红军如此之多,生产不减少,反增加了,即因为他们把这个问题很好的解决了。"

推动广大妇女参加农业生产也是苏维埃政府的一项重要措施。由于军事战争的需要,青壮年男子大都参加了红军和赤卫队,耕田种地的担子便落在妇女的肩上,农业生产中的许多重活,如犁田、耙田、栽禾、耘田、割禾,不得不依靠妇女来完成。"有组织地调剂劳动力和推动妇女参加生产,是我们农业生产方面的最基本的任务"。为了帮助妇女学习掌握一定的农业生产技能,中央政府"在乡苏之下,设立妇女劳动教育委员会",请有经验的老农当老师。苏区广大妇女发扬顽强的革命精神,克服困难,经过苦练,大多数人终于掌握了犁耙、莳田技术,成为苏区发展农业生产的一支重要的生力军,许多人还成为生产能手。长冈乡群塘村共产党员、妇女主任李玉英就是其中杰出的代表。

李玉英的丈夫参加了红军,所以春耕开始后,村苏便组织人手要帮助她犁田。但她考虑到自己是党员和干部,不应该给苏维埃政府增加负担,便找到几位红属姐妹们商量,决心冲破农村女子不扶犁的旧俗,学习耕田技术。她们找到村里的一位老把式,请求拜他为师,老把式起初不肯,连声说自古以来也没听说女人学犁耙,宁肯自己多忙点儿抽空给她们耕田,也不愿教她们学。李玉英耐心地向他介绍了中央政府的

82

指示，还进一步说明了目前村里的实际情况，指出全村有田 200 多亩，男劳动力连老带少仅有 20 人，根本完不成政府提出的"三犁三耙"的要求；全村有近 60 名青壮年妇女，只有动员妇女下田，才能实现春耕目标。老把式见李玉英态度坚决，又说得合情合理，也就答应了她们的请求。

第二天，李玉英等几个姐妹便随老把式下了田。李玉英挽起裤脚，甩掉鞋子，抢先走下田埂，在老把式的指点下，套上犁、驾起牛、挥着鞭学起来。虽然初次学耕田，犁把摇来晃去，但她学得十分认真。学了一上午，李玉英累得气喘吁吁，汗流浃背，却始终不得要领，牛仍不听使唤，田耕得高高低低。老把式一看泄了气，扬长而去。一时间，什么"男人当家，使犁掌耙；女人插花，煮饭烧茶"、"妇道人学犁耙，古上有几家"等流言蜚语，在村子里七嘴八舌地传开了。

李玉英夜里躺在床上久久不能入睡，她不相信世上有学不会的技能。第二天，李玉英不理会别人的讥笑，套犁驾牛，又在河畔的沙滩上练了起来。那位老把式为她的精神所感动，主动跑来手把手地教她。河滩上练好了，又到旱田里练，最后再下水田；学会了扶犁，又学掌耙。在短短五六天时间里，李玉英终于学会了全套犁耙技术，成了好把式。

村里许多人开始还半信半疑，直到亲眼目睹后才心悦诚服，啧啧赞叹。在李玉英的带动下，村里其他妇女也纷纷下田。不久，乡苏政府在群塘村召开了妇女学犁耙现场会，介绍李玉英的典型事迹。会后半月间，长冈乡就有 130 名妇女学会了耕田，成为农业生产的能手。与此同时，李玉英与几个姐妹还组织起妇女代耕队，积极帮助红军家属和有困难的农民进行生产。在长冈乡很快形成一个群众帮红属，红属帮群众，红属帮红属，群众帮群众的自救互助闹生产的劳动热潮。

在苏维埃政府的正确领导下，各根据地农业生产轰轰烈烈，一度衰退的农业生产迅速得到了恢复和发展，农业产量大幅度提高。1933 年收获量与 1932 年相比，中央苏区粮食增产 15%，杂粮增加 20%，赣西南和闽西地区有的县增加了 30% 或 40%，闽浙赣苏区粮食增产 20%。农业生产的发展不仅保障了苏区人民的基本生活，也为革命战争和经济建设奠定了坚实的物质基础。

 赣县江口反封锁

国民党反动派对苏区的军事进攻连遭失败后，蒋介石改变战略，推行"三分军事，七分政治"的政策，加紧了对根据地的经济封锁，在苏区周围各县设立"封锁管理所"，对流通人员和物资实行严格检查，规定凡军事品和日用品（如油、盐、米、粮、种子和燃料等）严禁向苏区输入，苏区生产的货物绝对禁止输出；取缔苏区周围的商贩，设立公卖会，"居民购买日用品须由各保长统计本保实有人口每月所需数量，按月或按旬代为购买发给"，并规定凡和苏区"通消息者"、"私相买卖者"、"偷运货物图利者"，"应予枪毙"。对食盐的销售运输更是严加控制和监督，一律禁止自由贩卖，施行公卖办法，购买食盐需持购买凭单，每人每月限制到 4～5 钱。

国民党反动派的经济封锁政策严重威胁着苏区的生存和发展，使红军的给养和群众的生活遇到极大困难。由于大量农产品销售不畅，价格暴跌；人民的日用生活消费品奇缺，价格昂贵。当时流传着一句民谣："有人拿走一粒盐，店主赶过三家店。"经济封锁造成了苏区布匹缺乏，红军指战员穿不上军装，衣衫褴褛，药品缺乏，红军伤病员得不到及时的治疗，饱受伤痛折磨，甚至导致了不必要的牺牲。

苏维埃临时中央政府在领导反"围剿"军事斗争的同时，加大了反经济封锁的力度，1933 年 2 月，中央政府决定在国民经济部下设对外贸易局，钱之光任局长。"对外贸易局管理苏区对外贸易事宜，设法打破封锁，保证苏区境内的生产品与境外的商品，得有经常的交换，消灭农业生产品与工业生产品价格的剪刀差现象"。对外贸易局下辖 10 个分局和采办处，构成了一个庞大的对外贸易网，广大经济工作者在商业战线上与敌人展开英勇斗争，坚决粉碎反动派的经济扼杀。

赣州是赣南地区国民党的政治、经济中心，也是赣粤边区商品的聚散地。这里经济繁荣，商业发达，店铺遍街，商号林立，是中央苏区在南线开展对外贸易活动的首选目标。赣县江口镇距赣州仅 20 多公里，水陆交通便利。中央政府便决定以江口为突破口，打破敌人从南线对中央苏区的经济封锁。自江口对外贸易分局成立之日起，便直接肩负起中央苏区南线对外贸易的重任。

波涛汹涌的赣江像一条蜿蜒的玉带将江口、赣州两座城镇连接在一起，是苏区南线对外商品交易的重要水道，也是敌人封锁的重点。敌军在沿江各渡口筑工事建碉堡，日夜派兵巡逻，戒备森严。赣州工农群众在地下党委组织领导下，紧密配合苏区贸易工作，里应外合，多次冲破敌人的封锁线。白浪滚滚的宽阔江面，成为江口分局的船工队与敌兵较量的战场。当夜幕低垂，点点繁星照耀着雾气弥漫的大江之时，江口分局的贸易船队便趁着夜色秘密起航，穿越敌军的封锁线，运送物资。到1933年9月，江口分局辖下的船只达100多艘，承担了大部分货物的运输任务。为了将急需物资运回苏区，大家开动脑筋，想出许多对付敌人的奇招妙法。河西党支部在唐江采购到大量食盐，他们从山间砍伐粗大挺拔的毛竹，打通竹节，装满食盐后封死外口，每根竹子可装一二百斤盐。然后，他们将竹子扎成竹排拖到江边的水塘里。由于装了盐的竹排半沉水中并不浮出江面，所以白天决不会被岸边巡逻的敌军发现。晚上，他们再将竹排推入大江，顺流漂向对岸。早已等在江岸的接应人员将竹排拖上江岸，砍断绳索，扛起装满食盐的沉甸甸的毛竹，迅速返回根据地。

白天，赣州城门口的敌人检查站也是苏区贸易战的阵地。城里的地下工作者把尿桶做成夹层，藏着食盐，上面装上粪尿，然后挑出城外。西药材需要安全地保存，运送方法也技高一筹。青年妇女假装外出走亲访友，把药品夹杂在携带的糕点糖果等礼品盒内，混过关卡。有一次，赣州六合铺的一位老人病逝，地下党组织做通了其亲属的工作，将采购来的大批药品装入棺材底部，其余人扮成其亲友，披麻戴孝，哭哭啼啼，涌出城门。

在开展对外贸易的艰苦斗争中，江口分局许多干部、群众战斗在敌人的封锁线上，表现出大无畏的革命精神和惊人的智慧，有不少同志甚至献出了自己的生命。例如兰湖的一位王大伯，把购得的食盐藏在棉衣、棉裤的夹层中，将布匹缠在身上，外面再套上原来的衣服，不料被敌兵搜查时发现，惨遭杀害。一次，分局的船队满载货物，乘夜过江，最后一条船被敌军的流动哨船发现，敌人追上了货船，强行逼迫货船开往岸边的哨所接受检查。船上的何光龙、肖厚仁等三位同志坚贞不屈，与敌军进行英勇的搏斗，最后壮烈牺牲。

为了扩大苏区的对外贸易，江口分局想尽一切办法，与赣州大大小小的商家建立贸易关系，并且根据中央政府的有关规定，对某些进出口的日用品和军需品施行减免税收，以资鼓励通商贸易。由于当时苏区向白区出售的商品价格比赣州市价低，而需要的物资价格又略高，赣州市内许多店铺都愿意与江口分局暗中签订贸易合同，甚至赣州城内有名的大商号"广益昌"也与苏区建立了商业联系。1933年6月，江口分局负责人王贤选通过赣州城内地下党组织的帮助，结识了"广益昌"商号的老板和经理。老板是广东人，与粤系军阀关系密切，当时苏区输出的钨砂是走俏的出口物资，他自然不会放过发大财的机会，所以双方一拍即合。不久，江口对外贸易分局、"广益昌"商号和广东当局三方代表在梅林秘密会商，最后签订了交换物资的合同。广东军方和"广益昌"商号还根据协议派代表长驻江口，全权负责贸易往来。因为与粤军达成了默契，国民党从南线对中央苏区的封锁被打开了缺口，苏区对外贸易额剧增。江口对外贸易分局大量出售钨砂、樟脑、粮食等商品，换回布匹、食盐、西药材等紧缺物资。"广益昌"的货物则由粤军押运到边界地带，再由苏区武装接收。食盐是从南雄用汽车运到信丰，布匹则从新干附近的三湖用船运到良口。苏区与"广益昌"商号进行贸易的时间最长，数量最大。江口分局由此受到了临时中央政府的通令表扬。

在与赣州商界发展贸易的同时，江口对外贸易分局还组织人员深入敌后，直接建立商栈。河西支部书记何三苟从小拜师学得一手染布技术，他组织了几位同志，在赣州城墙根下的米市街开了家"永源生"染坊。由于他为人和蔼，手艺高超，染坊开业后生意兴隆，敌人也未有丝毫怀疑。地下交通员便以染布为掩护，将所需物资的采购单送到染坊，何三苟立即组织店员设法买回，然后用布袋包好捆紧，趁夜半更深时，架起竹梯，扛到城头，抛向城外，由接应人员拣走。就这样一批批急需的物资在神不知鬼不觉的情况下运往苏区。

江口对外贸易分局紧紧依靠革命群众，与敌人斗智斗勇，为中央苏区输入大批紧缺物资，在很大程度上缓解了根据地内军用民需困难的局面，为中央苏区打破国民党政府的经济封锁建立了不可磨灭的功勋。

 ## 艰苦创业兴军工

苏维埃区域大多地处偏僻边远的山区，经济基础薄弱，工业落后，除一些中小城镇的零星工厂有规模较小的现代工业设备外，苏区的工业绝大多数仍处于手工操作的状态。加上国民党的军事"围剿"和经济封锁，致使根据地内军需、民用物资奇缺，给红军作战和人民生活带来严重困难。为了赢得战争的胜利，苏区的广大工人阶级在党和苏维埃政府的领导下，在积极投入经济建设的同时，在各地迅速建立并发展起一大批军事工业，其中尤以中央苏区军工建设的成绩最为突出。

中央苏区军事工业的发展也经历了一段由无到有、从小到大的艰难曲折的过程。最初红军处于游击状态，部队的军需补给主要来自缴获。随着武装斗争的方式向运动战发展，红军各部队为满足弹药补充，因陋就简，自力更生，开始兴办军火工厂，但规模甚小、产品单一。苏维埃临时中央政府成立后，将各地分散的众多小厂纳入统一管理之下，合并扩建、分门别类，军事工业进入了兴旺时期。据不完全统计，到 1934 年

3月，中央苏区已建有32个较大的军事工厂，分别从事弹药、钢铁、通信器材、印刷品、纺织品、医药等军需物资的生产，其中规模最大的是官田中央军委兵工厂。

官田中央军委兵工厂的前身，是1928年春江西兴国地方红色武装成立的修械小组，由两名铁匠带着铁锤，挑着铁炉，跟随部队转战，以便及时为赤卫队修理武器。1928年冬，红军攻占兴国县城，接管了当地反动武装开办的修械作坊，与原来的修械组合并，以此为基础，在于都平头寨成立了修械所，职工扩大到近百人，由郑煌德任所长，郑传熙为党支部书记。不久，修械所搬迁到兴国官田，建立起江西苏维埃政府修械处，王赞担任处长。1931年，红军取得第三次反"围剿"胜利后，工农红军和地方红色武装迅猛发展，迫切需要大批枪支和弹药。10月，根据中央军委的指示，原来分散的军委修械处、江西省苏修械处、红三军团修械处以及其他地方修械所统一合并，在兴国的官田村正式建立中央军委兵工厂，任命吴汉杰为厂长、张健任党委书记、陆宗昌为特派员，负责组织领导生产。

官田兵工厂成立之初，虽然职工有200多人，但生产设备原始简陋，主要工具为锉刀、老虎钳；而且工厂技术水平很低，对送来修理的枪支，有许多零部件从未见过。针对这种情况，厂党委组织职工掀起学习、钻研技术的热潮，老手帮新手，师傅带徒弟，互帮互学，蔚然成风。职工们经过勤学苦练，在较短时期内终于掌握了初步的修械技术，能够制造一些简单的零部件和安装枪械。在维修过程中，职工们发现有些枪械部件由于硬度不够而经常断裂损坏。厂里为此专门组织了技术攻关小组，负责攻克这道技术难关。几经周折，几个青年组员终于从一位铁匠师傅那里学到窍门。原来，提高金属制品硬度的关键，在于掌握好淬火的火候，只有恰到好处，才能硬而不脆；此外，在钢铁冶炼时加入适量的硫，也能提高硬度。工厂按照这种方法立即试制了一批零部件，装配到枪支上，送往前线。果然，这些枪械再没有发生断裂，深得红军指战员的称赞。前线指挥部还特意颁发了一面锦旗，表扬兵工厂的革新创造。

1932 年，红军攻克福建漳州，缴获了敌军修械厂的大批设备，将两部机床、一台 30 匹马力的发电机、一批汽油和其他修械器材运回中央苏区，还动员了 20 多名技术工人参加革命。中央军委兵工厂从此便有了现代化的机器设备。不久，从沈阳兵工厂调来的郝希英等 3 名地下党员也秘密到达了根据地，使工厂的技术力量大大充实。随着工厂规模的扩大和技术的进步，厂内相继成立了铁匠股、枪炮股、木壳股、皮革股、修配股等多个部门，不仅能修理步枪、驳壳枪、机枪和迫击炮，而且还可以制造步枪。

到 1933 年春，官田兵工厂生产规模达到全盛时期，下辖 3 个分厂：邓亚祥任枪炮厂厂长，郝希英任弹药厂厂长，李志云任杂械厂厂长。全厂共有职工 500人，是当时中央苏区最大的军需工厂。在两年多的时间里，兵工厂全体职工艰苦创业，努力奋斗，多次提前或超额完成生产任务，为主力红军和地方武装部队修理步枪4万多支、机枪2万多挺、迫击炮100多门、制造子弹40余万发、手榴弹6万多枚、地雷5000多颗。此外还生产了大批刺刀、洋镐、洋铲等军用物资，及时地装备了前线红军，有力地支援了反"围剿"战争。

中央军委被服厂是中央苏区最早兴办的军需工厂之一。1929年3月，红军首次入闽攻克长汀，在缴获军阀郭凤鸣的被服厂的基础上扩大为红军长汀被服厂，有职工60多人，归红四军军需处领导。全厂职工努力工作，曾在两个半月的时间里，缝制出400多套军服，完成了红四军军需史上著名的"红军大换装"，使长期转战而衣衫褴褛的广大指战员军容整齐，面貌一新。1930年夏，以长汀被服厂等3个分厂组成的中央军委被服厂宣告成立，全厂职工700余人，拥有缝纫机100多台。与官田兵工厂军事化管理不同，中央被服厂推行"三人团"管理体制。依照《中华苏维埃共和国劳动法》中的有关规定，被服厂成立了厂长负责制下的"三人团"管理委员会，由厂长、党支部代表和工会代表共3人组成工厂最高领导机构。党支部负责对工厂的政治领导，厂长负责全面安排工厂的生产，工会则组织工人完成生产任务并实行财务监督。三方协同管理生产的原则，从制定生产计划方面即可清楚体现出来："生产计划的订出，预先经过生产会议（技术好的工人和生产模范队长必须参加）提出草案，交各部门讨论，尽量吸收工人意见，正确订出精密计划。在支部大会、工人大会上，由厂长报告过去计划完成的程度，宣布新计划，支部必须领导积极分子，充分讨论过去生产中的缺点与错误。""三人团"管理体制充分保证了职工在工厂中的主人翁地位，极大地调动起工人们的政治热情和生产积极性。在党委和工会的组织下，围绕增加生产数量、提高产品质量、节省原材料等内容，职工们组织起"生产冲锋队"、"经济核算队"、"生产突击队"等劳动突击小组，开展生产竞赛，使工厂生产效率直线上升，每天缝制军帽数量从 150 顶增加到 280 顶，军服由 18 套增到 30 套。年轻的党团员还自发组织起"生产模范队"，主动延长工作时间，加班加点义务劳动。在全厂职工的努力下，大批军装、被褥、背包、绷带、子弹袋等红军急需物资，源源不断地运往前线。

苏区广大工人群众发扬自力更生、艰苦创业的革命精神，为各根据地军事工业的发展壮大作出巨大贡献。大批军需工厂的建立，为苏区军民打破敌人的"围剿"提供了有力的物质保障，同时也为党和政府领导工业建设积累了丰富的经验。

借粮捐献买公债

敌人长期的军事"围剿"和严密的经济封锁，使红军军费不足、军需短缺、补给困难的局面日益严峻。为了打破敌人新的军事进攻，1933 年苏维埃临时中央政府提出了"一切为了前线"的响亮口号。苏区广大人民群众积极响应党和政府的号召，倾其所有、尽其所能，全力支援革命战争。

粮食是苏区军民每天不可缺少的生活必需品，也是当时反"围剿"战争中最重要的军需物资之一。随着战争的持久与红军的扩大，中央苏区军粮供给的困难愈加突出。1933 年春到 1934 年夏，为了筹集军粮，中央苏区先后开展了两次节约粮食运动，同时向苏区人民进行了三次借谷。1933 年 2 月 8 日，中共中央局在《关于粉碎敌人四次"围剿"的决战面前党的紧急任务》中提出"借 20 万担谷米来帮助革命战争，应该是目前的战斗任务"，一场声势浩大的借谷运动随即在中央根据地内掀起。苏区人民在粮食非常困难的情况下，节省口粮，宁愿自己挨饿，而把粮食献给红军，支援革命战争。以瑞金县为例：在第一次借谷中，桃阳区借出 136 担，武阳区借出 427 担，黄柏区借出 600担左右，黄安区借出 126 担。1934 年 4 月，苏维埃中央政府决定，7 月 15 日之前再借谷 24 万担给红军，如期完成了 16 万担。7 月 22 日，中共中央和中央人民委员会决定第三次借谷 60 万担。到 8 月 15 日为止，瑞金县各仓库集中了新谷 5 万余担，首先完成了上级布置的借谷任务。原定借谷 1200 斤的公略县（辖今江西省吉安、吉水的一部分）桂林区，虽是该县最小的一个区，但群众积极献粮，短期内便集中了 3671 斤，超过计划两倍。

战争的残酷持久，使红军军费支出浩大，苏维埃政府税收甚轻，财政入不敷出。为夺取战争的胜利和发展国民经济，保障革命战争长期的物质供给，中央苏区自 1932 年夏起，开始发行公债。此后 3 年间，共发行三次公债。前两次为"革命战争公债"，第三次则为"经济建设公债"，总计 480 万元。为使公债的发行工作顺利进行，苏维埃政府采取多种方法鼓励群众购买，主要为：（1）宣传鼓动。通过大张旗鼓的宣传活动，使群众充分了解发行公债的意义与用途，鼓励人民踊跃购买。但对富农和大、中商人则事先派定，责令购买。（2）分配任务。用竞赛的方法，在县区乡村之间比赛，积极优胜者由苏维埃政府发给奖旗和名誉奖。各地迅速掀起争购公债的热潮。

在会昌县委大院里，机关工作人员聚精会神地听着县委书记邓小平所作的宣传讲话。邓小平站在主席台中央，左手叉在腰间，右手伴着讲话语气的强弱不时挥动。最后，他提高嗓音，声音洪亮地说："买公债是为了粉碎敌人的经济封锁，支援战争。我们干部要首先带头，响应中央政府的号召。"说完，他第一个走到公债推销处的办公桌前，将自己平日省吃俭用所积攒下的伙食尾子 60 元钱，递到管理员手中。在邓小平的带动下，大家踊跃购买公债，仅在一两个小时内，1000 元公债便提前被大家争购一空。由于群众积极购买，第一、二期公债共承担 20 万元推销任务的会昌县，结果超额完成 8000 元。

胜利县（辖今江西兴国、于都、宁都的一部分）排垴乡苏维埃主席作完购买公债的动员报告后，开会的群众纷纷报名认购，你 5 元，我 10 元，十分踊跃。年过半百的老贫农李荣才一下子认购了 18 元。看着乡苏主席疑虑的神情，李荣才笑眯眯地道出自己的打算：家里养了两头肥猪，明天就卖掉，全部购买公债。乡苏主席关切地问他是否留点儿钱补贴家用，李荣才响亮地回答："吃穿是小事，支援红军，支援苏区经济建设才是大事。"朴实真诚的话语赢得到会群众的热烈掌声。

回到家里，李荣才刚说完认购公债的数目，老伴便埋怨他认购得太少。打量着空荡荡的屋子，李荣才思来想去也不知哪里还有钱财，这时老伴已悄悄从里屋取出一包首饰，告诉他说自己如今剪了头发，以前的首饰再也派不上用场，让他赶紧再去认购 10 元。

李荣才夫妇争购公债的感人事迹经乡苏维埃政府宣传后，在当地引起强烈反响，进一步推动了人们认购公债的积极性。公债还未发行，排垅乡群众便已经把自认的 4200 元的数目完成了。李荣才被县苏维埃政府授予"购买公债模范"的光荣称号，并得到一面奖旗。

各地群众的踊跃购买，使前后三期公债的发行工作得以顺利进行。其中第二期 120 万元革命战争公债发行后不足一个月就销售一空。闽西上杭县红坊区 5 天内就推销公债 1 万余元，瑞金县云集区也在 20 天内推销公债 3 万元。这迅速解决了当时前线红军急需的军费问题，为中央红军第四次反"围剿"战争的胜利奠定了物质基础。

借谷、发行公债，本是苏维埃政府向苏区人民借用钱物，政府到期自然需发还兑换。但是，苏维埃政府是广大工农群众自己的政权，红军是苏区人民的子弟兵，为了减轻政府的困难，苏区人民响应党和政府的号召，又掀起了"退还借谷票运动"、"退还公债票运动"，将借谷的借据和所购买的公债票无条件无偿地退还给苏维埃政府。瑞金县壬田区退还 200 多担谷票，柏行乡全部将谷票退还。至于退还公债，仅以 1932 年 11 月发行的 120 万元第二期革命战争公债为例，到 1933 年 5 月 14 日退还数目已超过 90 万元，而且有的群众还强烈要求将退还时间再行延期，以便给尚未来得及退还者有继续退还的时间。从当时《红色中华》公布的统计数字，便可看出苏区人民踊跃退还公债的拥护苏维埃的热情。4 月 14 日至 17 日退还公债 3548.5 元，5 月 17 日至 20 日退还公债 8728.5 元，6 月 4 日至 8 日，退还公债 29751.5 元。妇女组织还在广大妇女中发起了"献银运动"，号召姐妹们剪短头发，取下首饰，广集银器，献给红军充作战争经费。瑞金县龙堡区一天之中便有 30 多名妇女剪发，把银簪、银针送交国家银行，瑞金县妇女捐献的首饰银器总数多达 22 万两。

面对严酷的经济、军事形势，根据地广大人民群众在自身生活条件极其艰难的情况下，表现出来的这种无私奉献的革命激情和危难共担的阶级觉悟，帮助苏维埃政权胜利地克服了重重困难，多次粉碎敌人的"围剿"，使得新生的苏维埃政权不仅顽强地生存下来，而且在斗争中不断发展壮大，最后转向了新的发展阶段。

五　社会生活新变动

 农村社区军事化

　　为了保卫新生的苏维埃政权和巩固土地革命的胜利成果，苏区人民团结一心，充分地组织起来，英勇地投入到长期而艰苦的反"围剿"斗争中，为生存而战。苏区农村社区军事化即是当年的写照。

　　苏维埃政权在农村社区推行的全民军事化中，7 岁至 50 岁（有的地区是 45 岁或 55 岁）的男女，除病残者外，根据居民的年龄差异，全部编入各自不同的半军事化组织：7 岁至 15 岁的男女儿童组成儿童团（或称童子团）；16 岁至 23 岁的男女青年编入少年先锋队；24 岁至 50 岁的农村壮年劳力组成赤卫军（或叫赤卫队）。其中，赤卫军和少年先锋队都以乡、村为单位，按性别分别组成男、女赤卫军和少年先锋队，下面又设连、排、班或大队、中队、小队等。同时，政府还从赤卫军和少年先锋队中挑选精壮队员，组成红军预备队或模范少先队，预备送入红军主力部队。各组织的成员平时除劳动、学习外，还要轮流站岗放哨、检查路条、分派勤务，并定期参加军事训练和政治教育，战时支援前线或配合红军主力部队作战，成为各苏区的地方红色武装。在一切服从于革命战争的特殊环境里，全民军事化政策的推行，将当时农村的政治、经济和军事三大工作融为一体，对建设苏区、保卫根据地和粉碎敌人的"围剿"都发挥了不可估量的作用。

发展生产是留守后方的赤卫队员和少年先锋队员的重要工作之一，农村半军事化编制为开展互助合作运动提供了组织基础。当时农村各种互助合作组织，特别是耕田队、劳动合作社、消费合作社等，大多数是由乡村的军事化组织演变发展而来。苏维埃政府还号召强壮赤卫队员和少年先锋队员组成"突击队"，承担起优待红属、帮助孤寡群众生产等重任。在当时后方劳动力极其缺乏的情况下，农村军事化政策对推动农业生产的顺利进行作出了巨大贡献。

在全力配合红军作战方面，各苏区的赤卫军、少年先锋队利用熟悉地理民情的有利条件，积极开展游击战，袭敌扰敌，保卫家乡，在反"围剿"斗争中屡建奇功。活跃在洪湖苏区的模范少先队，便是一支令敌军胆战心惊的地方红色武装。

洪湖苏区位于长江岸边，地势低平，水网密布，河渠纵横。百里洪湖碧波荡漾，芦苇丛生，荷花遍布。1930年冬，贺龙率领红二军团主力转战到湘鄂西地区后，保卫洪湖根据地的重担便落在地方红色武装的肩上。各区模范少先队在苏维埃政府组织领导下不畏强敌，英勇斗争。沔阳峰口区模范少先队共有100多人，除了几支"汉阳造"步枪和手榴弹外，主要武器为土枪大刀。尽管装备简陋，但队员们守家卫土，斗志昂扬。他们以湖泊为家园，把轻舟作车马，依托弯曲的港湾和茂密的芦荡、柳林，与敌人周旋。队员们使用的船也与众不同，两头都有门，倒、顺能划，进退如飞。平常，队员们与渔民一起捕鱼采藕，侦察敌情；敌人来犯，他们或钻入芦苇丛中隐藏，或出其不意予以痛歼。

1931 年春，驻沔阳的国民党警备旅频频出动，到湖上"清乡"，烧杀抢掠，祸害根据地人民。峰口模范少先队决心为民除害，给敌狠狠打击。一天，得到警备旅又出动的消息，队员们登上轻舟，迅速出发，在敌人必经之路两侧的芦苇丛中布下"八卦阵"，只等敌人自投罗网。

中午时分，敌人乘坐的三条大木船缓缓驶入少先队的伏击圈。前面的大船撞到了队员事先设在水下的木桩，猛然停住，后面两只船来不及躲闪，顿时撞到一起，敌兵前拥后挤，乱成一团。这时，芦苇丛中传来几声清脆的枪响，撑船的敌军应声栽进湖里，少先队的十多只小船冲出芦荡扑向大船，土枪土炮一齐开火，敌兵被打得东躲西藏，在船上前后乱跑，大木船摇摇晃晃，使趴在船头的敌机枪手瞄不准目标，只能乱射一通，子弹倾泻到湖里，溅起一串串水花。此时，少先队的小船已经从四面围靠上大木船，队员们投出一颗颗手榴弹，并将燃烧物抛向敌船。瞬间，三条大木船便浓烟滚滚，火光熊熊。敌兵逃命心切，纷纷跳水。但敌警备旅自北方调来，士兵多不习水性，连呛几口湖水，便晕头转向。结果整整一个连的敌兵非溺死水中即缴械投降，无一漏网。

苏区农村军事化，还为红军主力部队提供了大量兵源。赤卫军、少年先锋队既是保卫苏区的地方武装，也是前线红军野战部队的后备军。在"扩大红军、捍卫胜利果实"的战斗口号下，模范少先队、赤卫军整排、整连、整营的按组织编制武装上前线。1933年5月，中央苏区的兴国模范师5161名战士整体加入红军，在当时曾产生广泛影响。

兴国模范师是从全县赤卫军中挑选身体健康、政治觉悟高的男队员建立起来的一支红色地方武装。队员以村落为单位实行军事化编制，小村编为一排，大村编为两个排，在排长组织下，每半月进行一次军事训练；邻近数村，编为一连，每月全连集中训练一次；每个乡编为一营，每三个月统一会操一次；每个区编为一团，半年集中会操一次。全师共有3个团和1个特务营，统一进行过两次军事演习。全体队员纪律严明，听从指挥。同时，各级指挥员还分批派送到江西省军区学习，努力提高军事素质。第五次反"围剿"战争开始后，响应中共中央局和临时中央政府"扩大红军冲锋月"的号召，5月10日，模范师全体指战员集体报名加入红军，6月6日，全师被正式编为红一方面军第三军团第六师，在师长钟洪元的率领下，开赴反"围剿"前线。在兴国模范师的带动下，苏区各地迅速掀起一股参军参战的热潮。胜利县模范师2895名战士，瑞金县模范师 4200 名战士，赣县模范师 1860 名战士，博生县（辖今江西省宁都部分地区）模范师 1700 余名战士，均陆续加入了主力红军。

农村社区军事化政策的推行，充分体现了苏维埃政权属地人民战争的思想。在苏区内，全民皆兵，人人参战，使进犯的敌人陷入了人民战争的汪洋大海，对巩固根据地、粉碎敌人的"围剿"起到了重大作用。

文化教育新气象

中华苏维埃共和国成立后，十分重视文化教育事业的发展。尽管当时正处在残酷的战争时期，并且苏维埃区域大都是文化落后的乡村，但是，由于"这里一切文化教育机关，是操在工农劳苦群众的手里，工农及其子女有享受教育的优先权。苏维埃政府用一切方法来提高工农的文化水平"。临时中央政府坚决实行文化教育改革，废除封建法西斯式的教育体制，解除封建专制主义套在工农大众精神上的桎梏，创立新型的新民主主义教育模式，推动了苏区文化教育事业迅速崛起。

《中华苏维埃共和国宪法大纲》中明确规定："中国苏维埃政权以保证工农劳苦民众享有教育的权利为目的。在进行国内革命战争所能做到的范围内，应开始施行完全免费的普及教育，首先应在青年劳动者中施行并保障青年劳动群众的一切权利，积极地引导他们参加政治和文化的革命生活，以发展新的社会力量。"为实现这一目标，临时中央政府相应地制定了一套较为完整的文化教育方针政策，其总的方针是："在于以共产主义的精神来教育广大的劳苦民众，在于使文化教育为革命战争与阶级斗争服务，在于使教育与劳动联系起来，在于使广大中国民众都成为享受文明幸福的人。"文化建设的中心任务为：履行全部的义务教育，发展广泛的社会教育，努力扫除文盲，创造大批领导斗争的高级干部。在中央政府教育部的直接领导下，苏区城乡掀起了轰轰烈烈的兴办文化教育事业的热潮。

临时中央政府加强文化教育，实行小学普及的指示传达到了杨殷县（辖今江西省兴国、万安的一部分）敖源乡，乡苏立即行动起来。根据《中华苏维埃共和国小学制度暂行条例》中的有关规定，乡苏政府宣布凡年龄在8岁至12岁间的儿童，不分性别、成分与民族的差别，均可入学，接受免费教育，并且保证工农子弟优先上学。为确保教学质量，乡苏采取公开考试的方式来招聘教师。为方便农家子弟就近上学，全乡共设立6所小学，敖源村的列宁小学便是其中之一。

敖源村列宁小学校址选在村东河畔的李家祠堂，屋舍宽敞，环境幽静。由于敖源村里有30多名适龄儿童，加上附近两个村子的学生，学校一时间难以筹措到这么多桌椅设备。乡亲们得知后，便自发行动起来，或捐助板凳，或提供课桌，学校简陋的设施很快就凑齐了。开学前几天，县苏教育委员会主任专门来到学校视察，提出桌椅高度要适合儿童的身材、教室光线要充足以保护学生视力等改进意见，乡亲们激动地说：苏维埃政府考虑得真是周到啊！

开学那天，全村的男女老少一大早就聚集到李家祠堂前。伴着震耳的鞭炮声，乡苏主席把写有"列宁小学"字样的校牌高高地挂在祠堂门柱上，毕业于中央师资培训班的张校长庄严地敲响了挂在门前树上的铃铛，回荡的铃声向世人宣告，偏僻山村有史以来的第一所学校——苏维埃政府创办的列宁小学诞生了！

列宁小学共设 5 个年级，初小 3 年，高小 2 年。按统一规定，初小课程包括国语、算术、游艺（含唱歌、图画、体育）；高小课程有国语、算术、社会常识、科学常识、游艺等。上课要求军事化，学生在课堂上要专心听讲，积极答问，严禁打闹。教师授课要严肃认真，"采取启发式教育和帮助的方法"，绝对禁止强迫威吓，甚至打骂的手段。每堂课时 40 分钟，课间活动要求适应儿童身心发展的特点，开展多种文体活动。列宁小学使用中央教育部编审委员会统一编写的课本，教材内容联系实际，浅显易懂，把革命知识和科学道理用通俗的语言播种到儿童幼小的心田。例如初小国语课本《菩萨没有用》中写道："木菩萨怕火，泥菩萨怕水，纸菩萨怕火又怕水。菩萨有嘴不会说，有耳不会听，有眼看不见，有饭不会吃，有衣不会穿。菩萨菩萨，你有什么用？"在老师的讲解启发下，孩子们下课后跑到村头的神庙，将供奉的菩萨从神台上推下来，剥去衣服，劈成柴火送给军属，还把大大小小的兵符、牙旗、围布拿回学校作演戏的道具。

学校通过把课堂教学与社会实践活动紧密相连，既激发了学生求知的欲望，也提高了他们打破传统束缚与独立思考的能力。

当年的苏区，儿童教育取得非凡的成绩。1932年9月，江西省苏曾对14个县的教育工作进行了检查，统计表明：各地共有列宁小学2277所，入学儿童82342人，其中男生62661人，女生19681人，入学儿童占学龄儿童总数的40%。又如兴国县1934年1月的调查：全县学龄儿童总数20969人（男童12076人、女童8893人），入学读书者12806人（男生8825人、女生3981人），儿童入学率高达61%（男童73%、女童45%）。这与国民党统治区入学儿童不足10%的局面相比，其辉煌的成就不能不令人赞叹。

加强对工农群众的文化普及工作也是苏维埃政府发展文化教育事业的重要内容。为了发展广泛的社会教育，努力扫除文盲，根据地普遍开办了夜校、识字组、俱乐部和业余补习学校。根据临时中央政府教育部的统计，到1934年1月，仅在江西、福建（辖今闽西地区）、粤赣（辖今江西、广东交界地区）三省共有补习夜校6362所，学生94517人；俱乐部1656个，工作人员49668人。识字组更普遍，单是江西、粤赣两省就有32388个，学员155371人。其中胜利县（辖今江西于都、兴国、宁都的交界部分）有识字组4230个，学员22529人，被省苏授予"教育模范县"。

胜利县平安乡的识字组办得很有特色，男女学员按住所的远近，3~10人编成一组，选举组长1名，组织小组成员随时随地学习文化知识。一天中午，一群青年人端着饭碗聚集在平安村十字路口的树荫下，一边吃饭，一边学认新字。组长用筷子在地上写了个"田"字，教大家认。旁边的一个青年把田字中间的一竖向上延长，告诉大家是"由"字，因为要"自由"，所以不能受框框的限制，结果就出了头。又有一个青年靠上前来，把由字当间的竖又向下延长，接过话题笑着说，他抬了头，我再跺下脚，就成了个"申"字，也就是穷人翻了身，伸直了腰的意思。欢笑声中，大家不但很快认识了3个字，而且懂得了穷人没有土地就不能自由，更不能伸直腰杆当家做主人的道理。

妇女在扫盲运动中表现出前所未见的热情，胜利县夜校学生中，妇女占了60%；兴国县夜校学生中，妇女占了69%。她们白天要下田生产，回家后还需操持家务，但是妇女们克服困难，坚持上夜校学习。有些生小孩的妇女不能上夜校，便叫学习回来的丈夫帮助补课。平安乡的"学习模范"王秀珍回娘家时还带上课本与练习簿，晚上照常参加那里的夜校学习。当母亲劝阻时，她笑着说："妈，大家都在努力学文化，为将来搞建设做准备，我不抓紧就要掉队啦！"她的话说出了广大苏区妇女共同的心声。

苏维埃政府领导的文化教育运动，使根据地多数青壮年结束了世世代代不识字或识字甚少的历史，不仅有助于提高工农大众对苏维埃革命理论的深入认识，而且极大地丰富了人民群众的精神生活，村头路旁群众自办的墙报、宣传栏和城乡随处可闻的琅琅读书声，无一不展示出苏区文化教育建设的空前壮举与伟大成就。

 ## 新天新地新风尚

　　苏维埃政权建立后，党和政府大力加强革命思想的广泛宣传和科学文化知识的教育普及，这无疑给长期固守在狭小土地上的农民打开了一个新鲜而神奇的精神天地，苏区人民群众的思想观念和道德水平随之也发生了深刻的变化，根据地内处处焕发出强烈革新的气息，一个前所未有的崭新社会展现在世人面前。

　　缠足，这个在中华大地上流传千余年的陈规陋习，在根据地人民破除旧习俗、建立新风尚的社会变革中首当其冲。缠足不仅严重损害了广大妇女的身心健康，而且是造成妇女社会地位低下、惨遭迫害奴役的根源之一。因此，苏维埃政府把禁止缠足、实行放足同反对封建束缚和动员妇女走向社会紧密地联系在一起。放足的口号一经提出，立刻得到了中青年妇女的衷心拥护和热烈响应。缠足的青年妇女尤其是妇女干部，率先毅然扯掉裹足布，并且极力劝导未成年女子废除缠足，一场声势浩大的"放足运动"席卷了广大苏区城乡。但是废除缠足也并非一帆风顺。由于长期受封建传统观念的影响，一些中老年妇女一时无法接受放足的号召，甚至产生抵触情绪。在赣东北地区的上饶县灵溪乡，就有10多个思想保守的老太太联合起来反对放足，还振振有词地称缠足是祖祖辈辈流传下来的规矩，决不能在她们身上抛弃。这种思想也是当时反对放足的部分中老年妇女的普遍心态。县区委青妇部长周园香亲自到这些老太太家中做工作，介绍苏维埃政府号召放足的目的与意义，还当场脱下鞋子伸出自己刚刚放开的双脚给她们看。在周园香耐心的开导和以身作则的感召下，老太太们终于也放开了已缠了几十年的双足。

闽北崇安县过去缠足之风盛行，妇女几乎人人裹脚。"放足运动"中，放足者达十分之七八。妇女们冲破旧传统的束缚，毅然走出昔日被禁锢的家门，与男子共同参加农业生产劳动，积极参与社会活动，以崭新的姿态步入更开阔的天地中。更为重要的是，禁止缠足和提倡放足给封建的传统婚姻家庭结构和根深蒂固的"男尊女卑"观念予以巨大的冲击，反对包办婚姻，已成为苏区妇女组织家庭的选择。每当有人再唱起旧时"自古女子靠男养"的民谣，妇女们便理直气壮地回驳道："如今男女都一样！"

在苏区，妇女剪发也成为流行的风尚。过去女子结婚前留条长辫，扎根红头绳；婚后把头发盘起来，插上簪子，再戴上各种头饰，称为"结髻"。如今"剪掉辫子缠头巾，着起短装当红军"，则成为新时代新女性的显著特征。一头齐耳短发，不仅显示出妇女英姿飒爽的精神风貌，更重要的是节省了每天梳妆打扮的时间，为女性参加生产劳动和社会活动提供了极大的便利，因此，剪发之风一时盛行。在兴国县长冈乡，到1930年冬，不但中青年妇女一律剪成短发，甚至连许多老太太也留着一头短发出现在大庭广众之中。

戒毒禁烟是苏维埃政权建立后改变旧俗陋习的另一表现。苏区农村大多地处穷乡僻壤，农业生产条件差，经济水平低下，历届反动政府为牟取暴利，往往诱迫农民栽种鸦片。例如湘西、鄂西的农产品以茶、漆、鸦片为大宗；闽西永定县的鸦片产量也很高；赣南一带也盛种鸦片，尤以兴国为最。鸦片的大量栽种，贻害无穷。它不仅侵占了大片农田，影响了粮食生产，导致农村经济畸形发展，更为严重的是在城乡祸害了大批"烟民"。吸食者一旦上瘾，便无力自拔，不少"烟民"为此倾家荡产，妻离子散，有的甚至家破人亡。苏维埃政府自成立之日起，当即明令宣布禁烟，很快形成了一个封烟馆、惩烟贩、烧鸦片的群众性禁烟运动。在强大的社会舆论和苏维埃政府有力的威慑与帮助之下，不少"烟民"折断了使用多年的烟枪，获得新生。

在中央苏区登贤县（辖今江西省信丰、南康的交界地区）的畲岭乡，有个叫谢克昌的"烟民"，吸食鸦片近十年，家中财物耗尽一空，老婆改嫁他乡。苏维埃政权建立后，在分田运动中，他昔日因吸食鸦片而变卖掉的祖田又重新分回到手里。村苏主席把土地证交到他手里时，语重心长地告诫他要痛改前非，戒掉鸦片，保住胜利果实。为帮助谢克昌戒烟，村苏主席讨得一帖戒毒的药方，当即翻山越涧寻找药材来配制，为此扭伤了脚。两个月后，谢克昌终于从烟毒中被解救出来。凭着勤劳的双手和分得的田地，他又过起了好日子，并重新成了家。从此，谢克昌也成了禁烟运动的积极分子，通过现身说法，鼓励其他"烟民"重新做人。

苏维埃政权建立后，广大劳动人民成为新社会的主人，表现出高度的阶级斗争觉悟和旺盛的革命热情，具有强烈的阶级意识。在根据地内，无论男女老少，提起地主阶级、帝国主义和国民党，无人不切齿痛恨；说到共产党，人人都认为是工农大众的先进组织。这还可以从日常生活中窥见一斑，许多新名词如"参加生产"、"工作"、"同志"、"革命斗争"等词语，几乎成为苏区群众的口头禅。在群众大会上，许多以前目不识丁的大老粗登台演讲，内容常常涉及政治、军事和政府方针等方面，居然也讲得头头是道。

苏区崭新的社会面貌还表现在良好的社会秩序方面。本来，苏区多属偏僻落后的农村，游民众多，匪盗猖獗，娼赌泛滥。苏维埃政府认识到封建土地所有制是造成游民问题的重要社会根源，因此在土地革命中，对流民一视同仁，经济上分给田地和其他生产生活资料，政治上给予选举权和被选举权，在思想上则加强教育改造，使其成为自食其力的社会公民。曾令历代统治者头疼的游民队伍，在苏区政府的教育改造下基本消失。在赣南兴国县永丰区，以前共有流民90多人，苏维埃政权建立后，其中大多成为安居乐业的工农分子，还有27人报名参加了红军。

迷信活动也是封建社会遗留下的一大社会毒瘤。以前，祠堂、庙宇遍布乡村，拜神祭鬼极为盛行。在苏维埃政府的号召和组织下，随着科学文化教育活动的开展，苏区人民推倒了"阎罗"，烧掉了"菩萨"，将庙宇祠堂变成苏维埃政府的办公场所或学校校舍。如著名的临时中央政府办公室，就是以瑞金叶坪的谢氏大宗祠改造而成的。旧时农家供奉的"天地君亲师位"，现在换上了马克思或革命先烈的画像。即使从前逢年过节时张贴门上的"福寿财禄"、"招财进宝"之类的对联，如今也改成"工农团结闹革命"、"军民携手卫苏区"等内容。

苏维埃政权建设与军事化结合，整个苏区没有流民乞丐，不见赌徒娼妓，难寻鸦片烟鬼，鲜闻抢劫行凶，革命群众精神振奋，喜气洋洋；城乡红旗飘扬，歌声嘹亮。据此，毛泽东在全国"二苏大"的报告中进而指出："谁要是跑到我们苏区来看一看，那就立刻看见是一个自由光明的新天地。"

六　战略转移红西北

罗塘谈判助长征

在"左"倾错误的军事方针指导下，红一方面军苦战一年之久，始终未能粉碎敌人对中央苏区的第五次"围剿"，到1934年10月初，根据地大部分区域已经陷落。为保存党中央和红军有生力量，临时中央领导人博古、共产国际军事顾问李德等仓猝间作出战略大转移的决定。10月中旬的一天，正在江西寻乌境内罗塘与粤军秘密谈判的红军代表，突然接到红军总部发来的密语电报："你喂的鸽子飞了！"

这时，谈判刚刚结束。粤军谈判代表看到电文后，试探性地问："你们是不是要远走高飞了？"红军代表机智地答道："不是，这是说谈判成功，和平鸽上天了，表示祝贺之意。"双方高兴地举起酒杯。

举杯共庆的红军代表是潘汉年和何长工，他们是受红军总部之命前来同粤军代表谈判的。不久前，当中央苏区第五次反"围剿"进入最艰苦的阶段，各路敌军向苏区中心迅速推进之时，敌南路军总司令陈济棠电邀中央红军派代表举行秘密军事谈判。已经准备实施突围转移的朱德、周恩来、叶剑英等敏锐地抓住这个机会，欣然接受邀请，派何长工、潘汉年为代表前往谈判。

陈济棠系粤军地方实力派，拥兵自重，割据岭南。尽管这次被蒋介石绑到对中央苏区"围剿"的战车上，被任命为南路军总司令，但他看破了蒋介石"借刀杀人"、"一石双鸟"的险恶用心，所以十分谨慎地处理与蒋介石及红军的三角关系，不想与红军作战而损伤自己，只想独霸广东，永踞"南天王"宝座。因而他只是陈兵于粤赣边境，目的仅在防止红军进入粤境。

南方战线出现的缓和形势及陈济棠的种种举动，引起了苏维埃中央临时政府主席毛泽东的密切关注。在第五次反"围剿"作战的紧张时刻，他多次来到前线对粤赣军情进行调查研究，指示粤赣军区司令员兼政委何长工，要注意利用敌军内部矛盾，加强统一战线工作，分化敌人壮大自己。随后中央苏区南线作战与对敌斗争在部署上发生了相应变化：军事上，抽调主力部队整训，只是有计划地打些小仗，而主要利用地方武装开展游击战，既不吃掉陈济棠的主力，又使他认识到红军的存在与威胁；政治上，加强对粤军官兵的宣传攻势，呼吁双方枪口一致对外，促使粤军反蒋抗日。这样，南线战场呈现出各守阵线，保境自安的状态。

"福建事变"失败后，蒋介石嫡系部队进驻闽西，威慑广东；同时拨巨款作军费来催粤军北上，"围剿"

苏区。在蒋介石威逼利诱下，陈济棠既不能按兵不动，又不敢贸然进攻，于是采取阳奉阴违的两面手法：一面派部队向中央苏区南部的筠门岭进犯，一面联络红军作试探性的和谈。

1934年4月，粤军6个师在一个航空大队和一个重炮团的掩护下，向红二十二师据守的筠门岭地区发动进攻，并占领该地区。但红军的顽强抵抗进一步令陈济棠为之震动，惊叹"红军的善战，射击技术精良，构筑工事的巧妙"。这场战役后，他更不想与红军打仗而消耗自己的实力，便采取"外打内通"、"明斗暗和"的策略：一方面虚张声势，谎报向会昌推进，摆出进攻的架势；另一方面暗中送给红军一批弹药，秘密派遣心腹赴筠门岭与红军联系。

1934年秋，粤军代表来到中央苏区，向红军总部提出双方谈判的建议。军委主席朱德致函陈济棠表示同意洽谈，并且阐述了大敌当前建立抗日反蒋统一战线的必要性。朱德还对协定提出了一些具体条件：

（1）双方停止战争，而以赣州沿江至信丰而龙南、安远、寻乌、武平为分界线。上列诸城市及其附近十里之内归粤军管辖，线外粤军移师。

（2）尽快恢复双方贸易之自由。

（3）粤军目前及将来所辖境内，实现出版、言论、集会、结社之自由，释放抗日及一切革命政治犯，切实武装民众。

（4）实施反对蒋介石卖国及其法西斯阴谋的政治运动，并切实做反日反蒋的各项军事准备。

（5）请代购军火，并经（筠）门岭尽速运输。

10月，陈济棠电约红军举行秘密军事谈判。中央决定派粤赣省军区司令员何长工为军事代表、中共中央宣传部副部长潘汉年为政治代表，到粤军管区内寻乌附近和陈济棠的代表——少将参谋杨幼敏、第七师师长黄质文、独立一师师长黄任寰举行密谈。临行前，红军总政委周恩来接见了何长工，向他强调这次和谈的重要性，并勉励他努力完成党中央交给的任务，最后交代了联络密语等事宜。当时在场的军委副参谋长叶剑英也嘱咐说，此去白区谈判，责任重大，更要沉着灵活。

10月7日，何长工与潘汉年装束一新，揣着一封朱德署名的介绍信，匆匆上路了。信中写道：

　　黄师长大鉴：
　　兹应贵总司令电约，特派潘健行、何长工两君为代表来寻乌与贵方代表幼敏、宗盛两先生协商一切，予接洽照拂为感！专此，顺致
　　戎祺

　　　　　　　　　　朱德手启
　　　　　　　　　　十月五日

时近黄昏，何长工、潘汉年两人来到筠门岭赤白交界处的羊角水附近，与前来迎接的粤军相遇。迎接的是由陈济棠独立二师二旅旅长严应鱼和特务连连长严直带领的全连骑兵及4名轿夫。严连长同何长工一

见面就悄悄地说:"何司令,我听到过你们的宣传,看到过你们的宣传。是啊,我们与贵军都是炎黄子孙,别再打仗,两家和好算了。打败了你们,我们捞不到什么,你们打败了我们,最多也只能到广东吃几根甘蔗。"说罢禁不住哈哈大笑。为掩人耳目,粤军请潘汉年、何长工乘轿而行。每遇到岗哨盘问,走在队伍前面的严连长就高声喝道:"这是司令请来的贵客。"一路畅通无阻。

到达罗塘镇时,天色已晚,轿子在独立一师二旅司令部的一幢两层小楼前停下。当晚何长工和潘汉年被安排在楼上休息;楼下则住着粤方谈判代表。

翌日,在楼上一间会议室里,双方代表开始了秘密谈判。经过几天艰苦的论战,双方终于达成了5项协议:

(1)就地停战,取消敌对局面;

(2)互通情报,用有线电通报;

(3)解除封锁;

(4)互相通商,必要时红军可以在粤军防区内设立后方,建立医院;

(5)必要时可以互相借道,红军有行动事先通知粤方,粤军撤离20华里。红军人员进入粤军防区用粤方护照。

为保密起见,协议只写在双方代表的记事本上,并未形成正式文件。这是继1933年11月红军在东线同蔡廷锴第十九路军谈判停战后的又一个停战协议,是中国共产党统一战线政策在南线的又一重大胜利。

正当双方代表举杯庆贺和谈成功之际，何长工、潘汉年接到总部发来的密语电报，心里明白，中央红军就要开始转移了。于是，他们迅速返回苏区。当时，鉴于任弼时、萧克率红六军团已顺利挺进湖南，红军总部决定突围转移的红一方面军挺进湘鄂西，与贺龙、任弼时领导的红二、六军团会师。罗塘谈判与粤军达成了"可以互相借道"的默契，于是，中央红军便选择了南线为突围转移的突破口。10 月 16 日晚，中央红军主力突围西进，踏上了举世闻名的"万里长征"征途。虽然长征开始时，红军采取了"甬道式"的大搬家，部队臃肿而失去活力，蒋介石又命令广东、湖南军队在赣粤、湘粤边设下三道封锁线，给红军突围设置了重重障碍。但因粤军根据谈判达成的协议，暗中让路，终使红军得以冲破敌军封锁。

 血染湘江扬忠魂

中央红军在连续突破敌人三道封锁线之后，继续挥戈西征，向湘黔边界挺进，以图与红二、六军团会师。11 月中旬，前部已抵近湘江。13 日，蒋介石任命湖南军阀何键为"追剿"军总司令，指挥所纠集的西路军和中央嫡系薛岳、周浑元两部 15 个师的兵力，专事"追剿"；同时电令粤军陈济棠部队进至粤湘桂三边地区进行截击；令桂军白崇禧以 5 个师的兵力控制灌阳、兴安、全州至黄沙河一线，与湘系的湘江封锁线衔接，构成一个三角形口袋阵。这就是蒋介石煞费苦心设计的第四道封锁线。他函电交驰，调兵遣将，在数百里的地域内投入20多个师的兵力。加上湘江这一天然屏障，蒋介石自以为消灭中央红军指日可待，狂妄叫嚣："流徙千里，四面受制，下山猛虎，不难就擒。"然而，敌军的湘江防线虽然重兵密布，但内部矛盾重重，尤其地方势力与中央军同床异梦，貌合神离。红军向湘江挺进时，右路由蓝山进军江华、永明（今江永），前锋直指广西。白崇禧既怕红军深入桂境，又担心蒋介石嫡系军队趁机进入广西，即令其主力放弃全州、兴安防线，南下龙虎关、恭城、富川一带，退保广西边境。这样，就使"固若金汤"的敌军封锁线于兴安、全州间暂时显出缺口，为中央红军渡江提供了难得的良机。

27日晚，先头部队红二师和红四师各一部趁夜幕的掩护，在敌人守备空虚的兴安、全州间一举渡过湘江，并迅速控制湘江西岸界首至脚山铺间两个渡河点。紧接着，红一、三军团同时在湘江西岸从左右两翼强占要塞，相继控制了界首与屏山渡之间60里江岸。各部队随即挖掘战壕，修筑工事，准备抗击南北夹击之敌，掩护后续主力部队渡江。

红军进占湘江西岸的消息传来，敌军总司令何键恼羞成怒。他慌忙调整部署，令第一路军刘建绪4个师由东安推进至全州、咸水一带；第二路军薛岳部推进至零陵、黄沙河一带；第三路军周浑元部出宁远继续尾追红军；第四路军李云杰部和第五路军李韫珩部由宁远向东安集结，既堵红军西渡，又防其北进。敌军从四面向红军排山倒海般压来，一场血战即将拉开帷幕。

位于湘江西岸的脚山铺距湘军据守的全州 16 公里，是个只有 20 多户人家的小村庄，桂黄公路由西南向东北穿过。村外公路两侧对峙着两公里多长的小山岭，统称党山。山上土石相间，杂树丛生，是一个比较理想的阻击战场，林彪、聂荣臻率部坚守此地。作为红军主力的中坚，红一军团在西征路上一向是开路先锋，湘江战役又担负起最艰难的重任，在右翼阻击湘军精锐，为主力赢得渡江时间。

11 月 29 日，刘建绪以 4 个师的兵力从全州倾巢出动，向红一军团二师扼守的脚山铺阵地扑来，企图打通桂黄公路，与桂军南北连成一气，封锁湘江，截断红军的去路。

在重炮的吼叫声中，密集的炮弹雨点似的倾泻在红军阵地上。松树被拦腰炸断，灌木丛冒着浓烟，山头沙石飞扬，残枝断叶到处飞舞。猛烈的炮火过后，敌人整营整连地向红军前沿阵地逼来。红军阵地上，炮击刚停，战士们立刻抖去身上的浮土，紧握刀枪，严阵以待。当敌军完全进入射程，一声令下，红军战士机枪、步枪、手榴弹齐发，敌军丢下大片尸体，滚下山坡。

但敌军凭借兵力优势，打退一批，又冲上来一批。红军指战员英勇反击，山头始终掌握在红军手中，数万敌兵望山兴叹，不能前进一步。

湘江渡口一片混乱，敌机疯狂地轰炸江面上的浮桥和行进中的红军部队。炸弹落在江边，顿时血肉横飞！河滩上布满了马匹、人体的残骸和两米多深的弹坑。炮弹落在江中，掀起巨大的水柱，红军战士的鲜血使奔腾的江流变得黏稠，如同血浆一般。江涛澎湃，仿佛在为这惨绝人寰的场面如诉如泣！

12月1日是红一军团进行阻击战的最后一天。清晨6时许，浓雾尚未散尽，敌军12架黑十字架式意大利轰炸机就出现在红军阵地上空，每3架为一组，轮番对红军阵地轰炸。屡攻不克的刘建绪妄图孤注一掷，把湘军4个师16个团全部压到红军阵地上。

在10多里长的阵地上，来不及修复工事的红军战士以弹坑作为掩体，顽强抗击。几番恶战，红军伤亡惨重，有的连队减员超半。但红军战士以血肉之躯，又一次顽强地打退了湘军的进攻，牢牢地掌握着阵地。敌人见屡遭失利，竟凶残地使用了燃烧弹，红军阵地上顿时火光冲天。战士们从火海中冲击，与敌人展开肉搏战，掩体、堑沟、弹坑得而复失，失而复得，阵地上出现了拉锯般的争夺战……

正午时分，红一军团接到红军主力渡过湘江的通知，终于胜利完成了军委交给的阻击掩护任务，开始转移。担任左翼抗击桂军重任的红三军团和负责后卫的红五军团也同时接到了转移的命令。

湘江之战，是红军有史以来最激烈、最悲壮的一战。英勇的红军再一次粉碎了敌人围歼的企图，突破封锁线继续西征。但是红军也付出了惨痛的代价。由于"左"倾领导者错误的军事指挥，红军与强敌在湘江岸边死拼硬打竟达一星期之久，有3.05万红军将士献出了宝贵的生命，红一方面军8万多人马至此已折损过半，许多部队的建制空有其名，如红八军团渡江后，只剩千余人，担任总掩护任务的红五军团三十四师大部壮烈牺牲。巨大的伤亡迫使红军全体指战员正视残酷的现实，开始从战略战术上进行反思，要求毛泽东回到军事领导岗位的呼声愈加高涨。

 会师欢声震懋功

　　1935年1月，中共中央在遵义召开了政治局扩大会议，结束了"左"倾教条主义在党中央的统治，重新确立了毛泽东在党和红军中的领导地位。在新的中央军委指挥下，中央红军一改过去搬家式逃跑的军事路线，部队重整旗鼓，振奋精神，主动出击，展开机动灵活的运动战，四渡赤水河，巧渡金沙江，摆脱了敌军的追堵拦截，粉碎了蒋介石围歼红军于川、黔、滇边境的阴谋。5月下旬，中央红军强渡大渡河，向川西北挺进，前锋直指夹金山。

　　第四次反"围剿"斗争失败后，被迫实行战略转移的红四方面军于1933年2月又建立起川陕革命根据地。1935年3月底，为配合中央红军在川、黔、滇边的作战，红四方面军发起强渡嘉陵江的战役，经过激战，控制了嘉陵江以西纵横数百里的地区。这样，由于敌军重重封锁而长期各自为战的两支战功显赫的兄弟部队，终于将要在荒凉的川西北高原胜利会师了！

6月初，红四方面军二十五师奉总指挥徐向前之命，由红三十军政委李先念指挥，西渡涪江、岷江，迅速西进，迎接北上的中央红军。师长韩东山率全师指战员不顾数月来连续作战的疲惫，一路急行军，穿越崇山峻岭，奋勇前进，3天间行程300多里，经历大小战斗20余次，终于到达懋功（今小金）地区。为确保中央红军顺利翻越大雪山，红二十五师一举消灭了盘踞当地的川西军阀邓锡侯部近千人，攻克懋功城。随后又乘胜前进，开进了懋功东南的达维镇。全师指战员们望眼欲穿，焦急地等待中央红军的到来。

中央红军前卫团红四团在团长王开湘和政委杨成武的率领下，历经千辛万苦，在6月14日终于翻越了白雪皑皑、高耸入云的夹金山，向达维镇前进的途中，惊喜地与红四方面军的策应部队红七十四团相遇了！这意想不到的喜悦使战士们顿时忘却了长途跋涉的疲劳，从未谋面的战友犹如久别的兄弟，紧紧拥抱在一起，幸福的泪珠不由自主地流淌下来。

会师的喜讯像插了翅膀，迅速传遍了二十五师驻地，达维镇立刻欢腾起来。不等师部布置，广大指战员便争先恐后地清整驻地，挑水做饭，张贴标语，一派忙碌的景象，准备迎接盼望已久的亲人的到来。

刚刚翻越了红桥大雪山，正率部向懋功挺进的李先念，听到先头部队与中央红军会师的消息，激动万分，他立即命令部队加速前进，同时向总指挥徐向前报告这一喜讯。此时，红四方面军总指挥部已从茂县转移到理番（今理县）下东门，听到胜利会师，徐向前表情严肃的脸上也顿时露出了笑容。尚在茂县的西北革命军事委员会主席张国焘和红四方面军总政委陈昌浩等也很兴奋，特地打来电话嘱托徐向前立即起草给中央的报告。6 月 14 日晚，也就是中央红军先头部队抵达达维镇的时候，徐向前心情激动地伏案疾书，详细介绍当前敌军的情况和我军在川西北的部署，请示两军会合以后的作战方略，并代表红四方面军全体指战员，以"十二万分的热忱，欢迎我百战百胜的中央西征军"。随后，附上两幅珍贵的川西北地图，交给通信员，立即送交中央红军。

两军先头部队会师的当天，红四方面军工作队正在赶往懋功的途中。会师的喜讯使大家疲惫顿消，连夜准备赠送中央红军的礼品。有两条米袋的，让出一条新的来；有两副绑腿的，让出一副好的来；有两双草鞋的，让出一双结实的来。随身的干粮小心翼翼地包起来，准备留给中央红军的战友。还有的队员连夜动员群众磨糌粑，做干粮。16 日上午，工作队到达中央红军去懋功的必经之地卓木碉，一方面派人去城里设粮站，一方面派人在路边埋锅烧水，设粮点，还特意搭起宣传棚，组织了欢迎队。

下午两点，中央红军的队伍开过来，卓木碉顿时一片沸腾。一袋袋大米，一包包白盐，一桶桶豆瓣，还有川北山地的茶叶，川西平原的海椒面，阿坝平原的酥油糌粑，以及工作队员亲手缝制的米袋、绑腿、草鞋，编织的毛衣、背心、毛袜、手套等物品，一件件递到中央红军战士的手中，充分表达了阶级兄弟之间的深厚情谊。

6月18日，中共中央和中央红军主力进抵懋功县城，早已等候在这里的李先念热烈欢迎中央红军的到来。毛泽东向李先念仔细询问了红四方面军的近况，表达了对红四方面军广大指战员的深切关怀和亲切慰问。

在一座富丽堂皇的天主教堂里，总政治部举行了红一、四方面军驻懋功部队的盛大联欢会，庆祝红军两大主力胜利会师。八十八师政委郑维山代表红四方面军致欢迎词。毛泽东、朱德发表了热情洋溢的讲话，讲话不时被热烈的掌声打断。"庆祝胜利翻越夹金山！""庆祝一、四方面军两大主力胜利会师！""红军万岁！"的口号声、欢呼声此起彼伏。"火线"剧社、"猛进"剧社和"太阳"纵队表演了临时赶排的节目，鼓掌声、喝彩声响彻云霄。大家都沉浸在会师的欢乐气氛中。

当晚，红四方面军主动腾出懋功城内的房屋给中央红军住，红四方面军指战员则搬到城外的村庄里，同时还派部队担任懋功城外四周的警戒任务。为了表达友好感情，会师战友还互赠慰问品。中央红军干部团和军委纵队分别捐出700多元钱，红四方面军的慰问人员竟排起了长长的队伍，有的赶着牲口，有的肩挑人扛，把早已预备好的慰问品一批批送往会师地点。仅红三十一军一次就送来衣服500件，草鞋1400双，毛袜500双，毛毯100条，鞋子170双，袜底200双。双方指战员都深深懂得，这次会师对中国苏维埃革命运动的发展将产生重大的意义。

懋功，这座远处祖国西陲、多民族杂居的偏僻山城，因为红军的到来，变得空前的红火、热闹起来了。

懋功会师是长征途中红军主力部队的第一次会师。1936年7月1日，贺龙、任弼时率红二方面军与红四方面军在四川甘孜会师；1936年10月，先期到达陕北的红一方面军的迎接部队南下进占会宁、静宁，与北上的红二、四方面军会师。红军三大主力的会师，标志着红军主力战略转移的完成和举世震惊的两万五千里长征胜利结束，苏维埃革命的中心也由南方转到以陕甘为中心的西北，中国苏维埃革命进入了一个新时期。

巾帼浴血祁连山

中国工农红军三大主力胜利会师甘陕，形成了雄峙西北的战略格局。为了进一步扩大革命影响，沟通与苏联的联系，1936年10月25日，红四方面军主力在总指挥徐向前、政委陈昌浩的率领下，一举突破黄河天险进兵西北，随即便奉命改编为西路军，开始了艰苦悲壮的西征。起初，西路军势如破竹，所向披靡，迅速挺进。11月底，部队挥戈直指河西走廊，行程千里。由于鏖战月余，部队损失渐大，又值隆冬，形势于红军变得越来越不利。敌军总指挥马步芳乘机调集精锐，以马家军骑兵为先导向我军发动疯狂进攻。古浪、高台之战，西路军先后失利，遂被迫退守祁连山。

1937 年 2 月，海拔 5500 米的祁连山脉笼罩在一片严寒之中，气温一般在零下 20℃。退守在茫茫冰雪和崇山峻岭间的西路军将士，几乎陷于弹尽粮绝的境地，许多人没鞋子，脚上只包着一块破毡皮行军；没有棉衣，只得用草绳将捡到的烂羊皮束在身上御寒。同时，红军部队处于数十倍于己的敌军包围之中，形势万分危急。为了保存有生力量，总部决定由团长王泉媛和政委吴富莲率西路军妇女团拖住敌人，掩护主力突围。

王泉媛和吴富莲接受任务后，立刻来到前线阵地，察看地形，随即召集干部会议，部署与前沿守军红十五团换防。深夜，旷野静寂无声，只有狂风在怒号。妇女团借着朦胧的月光，悄悄开上前线，有次序地进入十五团移交的阵地。参谋长彭珍郑重接过十五团的军旗，重新插在山顶。红旗迎着朔风，高高飘扬。

为了迷惑敌军，姑娘们连夜把头发剪短，再戴上军帽；站岗的哨兵故意放粗喉咙，大声对话。据守在山下村落里的敌人竟然丝毫没有觉察出在一夜之间，山头上狙击他们的已经换成了一支"娘子军"。

第二天晚上，西路军主力部队利用夜幕的掩护，沿着山脊突围。密集的枪声渐渐稀疏，并朝西北方向移动，越去越远了，阵地上只剩下留守的妇女团。王泉媛率领全团 1300 多名姐妹挖掘战壕，修建工事，擦拭武器。官兵们每人一支马枪，但每人却只有 5 颗子弹，手榴弹也很有限。为了欺骗敌人，有些小战士便把没有火药的手榴弹也插在腰间，或用小树枝把空瘪瘪的子弹袋塞得鼓鼓的斜挂肩上。面对强大的敌军，姑娘们个个精神饱满，斗志昂扬。

马家军果然中计，以为山头阵地上的仍是红军主力，突围的仅仅是小股队伍，因此重兵层层包围。但由于屡遭痛击而不敢贸然进攻，只是步步紧逼，团团守住山脚，企图把红军困死在山上。

妇女团固守的山岭是祁连山的一条支脉，四面都是悬崖峭壁，只有四道坡口可以上山，易守难攻。除了山后的那道坡口下临河溪没有封锁外，其余三道都密布敌军。山上是光秃秃的平坡，稍高处是一小片树林，这里就是女战士的宿营地。雪地上燃起一个个火堆，白天她们在火堆上用面盆煮点地瓜叶子充饥；晚上围着篝火，大家裹紧破旧的军装挤在一起休息。

数月的围困，马家军以为守山的红军已饿得体力不支，便发动了进攻，女战士们则静悄悄地伏在掩体里，紧握马枪，怒视着敌军逐渐爬上坡口。随着团长王泉媛一声令下，阵地上响起一片枪声。狂妄骄横的马家军突然遭到迎头痛击，立刻倒下一片，其余的抱头鼠窜，逃下山坡。望着敌人的狼狈相，女战士们禁不住哈哈大笑，不料，无意中暴露出自己的真实身份。

马家军终于恍然大悟，顿时气急败坏，个个挥舞着刀枪，满嘴秽言淫语，排成密集的队形向山头重新扑来。为了活捉女战士，敌军加强了炮火掩护，密集的枪弹将姑娘们压在战壕中一时抬不起头来。王泉媛镇定自若地指挥战士准备好手榴弹，等敌兵冲到阵地前30米时，数百枚手榴弹投向敌群，敌军血肉横飞，再次退回山脚。

英勇的红军女战士依托有利的地形，与数倍于己的敌兵激战三天，始终牢牢地控制着阵地。第三天中午，马家军竟恶毒地在阵地前几百米处，将不久前因重伤被俘的红三十军八十八师师长熊厚发推到一门山炮前，炮口顶住他的后心，威逼他喊话劝说女战士投降。熊厚发师长被俘后虽遭敌人百般折磨，但对革命的忠诚毫不动摇，他艰难地挺直伤痕累累的身躯，深情地向山头望了一眼，高声喊道："同志们，狠狠地打啊！中国共产党万岁！中国工农红军万岁！"敌人残忍地拉动了炮栓……山上的女战士目睹此情景，强忍着泪水，怒不可遏，不约而同地向敌群射出一排排复仇的子弹。

黄昏时分，激战了一天的战地暂时平静了下来。敌军在山下宰杀牛羊，准备酒足饭饱后趁着暮色发动总攻。山坡上，女战士所有的粮食，仅够煮一顿米汤。团部决定集中所有弹药，保证突击队使用，不能用的枪支全部拆开，零件装入麻袋丢进后山河里，枪身架火烧掉。战士们拣来大小石块，垛在阵地上，以弥补弹药的不足。她们手执木棒、战刀，腰里插着剪刀、匕首，严阵以待，誓与敌兵最后一搏，宁死不作俘虏！

西沉的夕阳在天际留下最后一抹霞光，白雪皑皑的群山被镀上一层粉红的光辉，也映红了姑娘们青春的脸庞。一阵隆隆的炮声宣告着敌军开始了总攻，成营成团的敌人蜂拥而上，饥寒交困的女战士与马家军展开了惊心动魄的鏖战。子弹打光后，姑娘们勇敢地跃出战壕与敌人进行白刃战。大刀砍弯了，用匕首扎、用剪刀捅；木棍打断了，用石头砸、用牙齿咬……
"誓与阵地共存亡"的信念，激励着每个女战士英勇地
战斗，有的伤病员拉响怀中的手榴弹，与扑上来的敌
人同归于尽。但是马家军终于冲破了防线。

战斗从黄昏持续到深夜，妇女团广大指战员用青
春的热血染红了西北荒原的这片冰冷的土地，她们之
中虽然有许多人甚至连姓名也未留下，然而却以可歌
可泣的战斗精神和英勇事迹在中国革命史上谱写出光
辉的篇章。

油山烽火反"清剿"

"大军西去气如虹，一局南天战又重"。1935 年
春，项英、陈毅领导的南方红军游击队在完成掩护主
力红军长征的任务后，几经辗转，历尽艰辛，终于到
达赣粤根据地的中心——油山，与突破敌人重围先后
汇集这里的各路红色武装会合，开始新的战斗。

绵延数百里的大庾岭，雄踞赣粤两省边界，在其
东端，有一座海拔 2000 多米的巍巍高峰，那便是著名
的油山。它坐落在大余、信丰、南雄三县的交界处，
横跨江西、广东两省，毗邻湖南。四周群山环抱，山
峦起伏，"千峰转不尽，十里万重山"。这有利的环境
为红军开展游击战争提供了天然屏障。

1935 年春夏之交，敌人向游击区发动了大规模的
军事"清剿"。蒋介石以其嫡系部队第四十六师驻扎赣
州、南康，又调动粤军余汉谋部第一军的 3 个师，军

部设于大余。再加上江西保安团等地方武装，共三四万兵力，构成三道封锁线。同时实行"移民并村"，强迫群众出境，企图割断游击队与群众的联系，将游击队困死在山中。

为了粉碎敌人的"清剿"，游击队声东击西，转战穿行于赣粤湘边的深山密林之中。广大群众纷纷参加游击小组，为红军站岗放哨，打探情报，有力地支援了三年游击战争。

在油山正南40多里雄信公路边，乌径是个较大的圩镇，住有数百户居民。国民党反动派在这里设了一个区公所，作为"清剿"油山的后方据点。由于主力进山进行"清剿"，这里只驻有一个反共靖卫团，戒备并不很严。

一个漆黑的夜晚，一支全副武装的红军游击队穿过封锁线，秘密向山外挺进。一夜急行军，黎明时分，队伍悄悄来到乌径附近。在乌径地下党的接应下，游击队很快摸到了区公所。此时，反共靖卫团团总邱光华和国民党区长正在区公所里打麻将，游击队冲进屋中，一举歼灭靖卫团，邱光华被当场击毙。随后，队员把写有红军游击队各种番号的红绿标语，贴遍了乌径的大街小巷。游击队从此威震乌径，迫使敌军慌忙抽调"清剿"部队保卫后方据点。余汉谋也不得不收敛起所谓"三个月消灭游击队"的狂妄叫嚣。

在反"清剿"斗争中，红军游击队积累了丰富的经验。由于敌我力量悬殊，红军游击队采取了"长期潜伏，保存力量，等待时机"的方针。为了寻找红军游击队，狡猾的敌人也总结了三条"经验"，这就是听响声、看烟火、跟脚印。他们常常派出便衣侦探，装扮成打猎的、采香菇的、烧炭的窜进山里，探听红军游击队的动静。红军游击队则采取"有路不走，没路就走"的对策，常常翻山越岭，以免留下脚印，暴露目标。下雨天，为了不留下脚印，游击队员专走水沟；在必经之路，则派人专门负责处理脚印。夜晚行军不点火把，每人头上扎一条白毛巾，一个紧挨一个，并尽量做到"白天煮饭不冒烟，夜里烧火不透光"，还严格规定行军不许大声说话，不得大声咳嗽。陈毅当年的战斗诗中曾幽默地告诫爱耍笑的战士说：

　　休玩笑，耳语声放低，
　　林外难免无敌探。
　　前回咳嗽泄军机，
　　纠偏要心虑。

　　游击队为了需要有时也故意制造假象，迷惑敌人。例如，走路倒穿鞋子，有意留下"脚印"，让敌人"跟踪"；到离游击队驻地较远的山上点火，引诱敌人"围剿"；故意在野草丛中丢衣物，把"目标"暴露，引敌人在深山里捉迷藏。

　　赣南大山里，特别是高山区，一年四季天气变化无常。开春，淫雨霏霏，一个月也难见几个晴天。春寒长，秋冻早，即使夏天也往往夜凉如水，露浸肤寒，人常被冻醒。到了冬天，寒风凛冽，天气愈加寒冷。

可英勇的红军游击队硬是挺了过来。

由于敌人严密的经济封锁，游击队不得不经年累月地鏖战于穷山绝岭。在少衣缺食无房舍的异常艰苦的环境中，红军过着"野人般的生活"。买不到粮米，战士们"靠山吃山、靠水吃水"，自力更生，或挖竹笋、野菜，或采山果、杨梅，或捉石鸡、蛇，乃至掏马蜂窝；晚上找不到住处，晴日躺在古坟的石板上，仰望星月，与天地同眠；雨夜则撑起伞靠着大树，相依入睡；夏天，身下垫些树叶竹叶，盖着一块布单；冬天，一床薄毯压着蓑草而卧。正如陈毅在《赣南游击词》中所描述的那样：

> 天将午，饥肠响如鼓。
> 粮食封锁已三月，
> 囊中存米清可数。
> 野菜和水煮。
>
> 夜难行，淫雨苦兼旬。
> 野营已自无篷帐，
> 大树遮身待天明。
> 几番梦不成。
>
> 天将晓，队员醒来早。
> 露侵衣被夏犹寒，
> 树间喞喞啼知了。
> 满身沾野草。

　　红军游击队紧紧依靠人民群众进行反"清剿"。陈毅说："敌人根本的致命伤，就是我们与群众相结合。"并指出："在那样艰苦残酷的斗争中，没有人民的积极支持，没有与人民群众生死与共的团结，要想坚持下来是不可能的。"他还譬喻说："我们的全部地盘就是这么几个'岛子'，但是我们有着浩瀚的海洋作依托，那便是广大的人民群众。"在残酷的斗争中，游击区的广大群众冒着生命危险，支援游击队，涌现了无数可歌可泣的感人事迹。

　　杨大伯是南雄县石满区附近一个贫苦忠厚的农民，已经 60 多岁了。不管敌人封锁多么严密，他总有办法把游击队需要的东西买到手。他设法把粮食装在竹筒里，把米糕缠在腰上，把新鞋穿在脚上，把烟丝装满烟口袋，冒着生命危险送到游击队员手中。1935 年秋的一天，游击队托杨大伯购买传单纸，他刚进城，便由于叛徒出卖而被逮。在监狱里，他受尽酷刑，敌人残忍地把老人的胡子一根根拔光，然后活活地钉死在城门上，连尸体也不让家人收。

　　杨大伯牺牲后不到一个月，他的小儿子又因主动为游击队购买布匹被敌人抓住，献出了年轻的生命。杨大伯的大儿子决心为亲人报仇，参加了党的地下工作，但不久也不幸落入敌人的魔掌。

　　在三年游击战争中，群众与游击队生死相依，饱经战火的锻炼，陈毅曾热情地讴歌道：

　　　靠人民，支援永不忘。

他是重生亲父母，

我是斗争好儿郎。

革命强中强。

在人民群众的坚决支援下，红军游击队克服了种种困难，保存了革命力量，终于迎来了新的革命高潮。1937 年卢沟桥事变爆发后，南方八省红军游击健儿被改编为国民革命军新编第四军，投身于抗日民族战争的伟大洪流中去。同时苏维埃政府改称国民政府的特区政府，从此，中国革命也由长达十年的苏维埃革命时期进入了伟大的抗日民族解放战争时期。

七　风流人物竞折腰

 "我为中国作楚囚"

　　为了苏维埃新中国的追求，英勇的共产党人在战场上冲锋陷阵，在敌人的刑场上视死如归、坚贞不屈，以自己的行动实践着"为共产主义事业而奋斗终生"的神圣誓言。在那些慷慨献身的先烈中，杰出的革命家、诗人、无畏的共产主义战士刘伯坚同志，便是卓越的代表之一。

　　刘伯坚出身于四川省平昌县龙岗寺的一个贫苦家庭，1920 年赴法勤工俭学，1922 年在巴黎加入中国共产党，担任过中共旅比支部、旅欧支部的领导工作。1923 年 11 月他被选送到苏联莫斯科东方劳动大学深造。1926 年 8 月归国投身北伐战争。大革命失败后，再度赴苏学习，并出席了在莫斯科召开的中国共产党第六次代表大会。

　　1930 年下半年，刘伯坚回到上海，随即受中共中央委派与妻子王叔振一起来到江西苏区，担任中央革命军事委员会秘书长。在全国苏维埃第一次代表大会

135

上他当选为苏维埃临时中央政府执行委员,并担任苏区工农红军学校政治部主任。宁都起义时,刘伯坚负责同第二十六路军的联络与指挥,起义胜利后,调任红五军团政治部主任。在与敌人长期的军事斗争中,他率部屡建战功。

1934年10月,中央红军经过一年激战仍未能够粉碎敌人的第五次"围剿",被迫开始长征。刘伯坚被派任赣南省军区政治部主任,留守中央苏区坚持斗争。

10月的赣南,正是稻谷金黄、桂花飘香的时节。刘伯坚与即将起程远征的叶剑英等战友们握手告别,赠言互勉,依依不舍。翻滚的河水带着低沉的声音流向远方,仿佛为他们的别离呜咽。

主力红军长征后,中央苏区留守部队多次击溃敌军,同时也遭到严重损失。1935年2月初,中央分局、中央办事处和赣南省的机关、部队被敌军围困在狭小的仁风地区,不得不分路突围。

3月3日下午,刘伯坚与赣南省委书记阮啸仙、省军区司令蔡会文等率领省党政军机关和独立六团2000余人,向三南、信丰地区转移。当到达牛岭附近,部队与强敌遭遇。敌军凭借坚固的堡垒和优势的火力拼死抵抗,封锁了通向远处树林的一片开阔地。刘伯坚冒着弹雨策马冲到最前沿,组织机枪压制敌人火力。他身材魁伟,又骑着一匹白马,格外引起敌人注意,机枪子弹雨点般地朝他射来。突然,战马被子弹击中,刘伯坚敏捷地跳下马背,继续指挥部队突破封锁线向山林转移。直到党政军机关全体人员通过了开阔地,进入了密林，刘伯坚才最后一个转移。他机智地投出手榴弹，利用烟幕迅速向前冲去。即将到达树林时，突然一颗子弹射中了他的左腿，刘伯坚顿时昏倒在地，警卫员只得背起他向山顶爬。颠簸中刘伯坚苏醒过来，他断然命令警卫员不要管他，赶紧突围。蔡会文率领战士赶来接应，将他背上山顶，刘伯坚仍然坚决要求其他同志快走。他鼓励大家说："同志们，无论如何都要冲出去。我们能多冲出去一个人，就多一份革命力量，最后的胜利是属于我们的！"在危急时刻，刘伯坚考虑的是同志们的安危，个人生死早已置之度外。

由于部队需要迅速转移，刘伯坚伤势严重，无法随军行动，只得由警卫人员保护留在当地休养。躺在担架上的刘伯坚由几个战士护送，离开大部队，趁着雨夜向安全地带突围。几经辗转，3月4日拂晓，一行人来到了安远唐村地区，在鸭婆坑附近的一座小山上，又与敌军巡逻队狭路相逢。激烈的枪声把刘伯坚从昏迷中惊醒，他不顾腿伤肿痛，在担架上拔出手枪指挥战斗。敌人蜂拥而上，离山头越来越近，刘伯坚挣扎着滚下担架，依在一棵大树后一面顽强地阻击敌人，一面命令警卫人员转移。警卫战士挥泪而去，刘伯坚在打完最后一颗子弹后，落入了敌军的魔掌。

刘伯坚被俘后，很快就被认出身份，敌军多次进行劝降，都遭到刘伯坚义正词严的拒绝。3月11日，他被押往国民党绥靖公署。敌人为宣扬其"剿共"战绩，恐吓群众，在移狱这天，故意押着戴镣的刘伯坚穿过大余城内繁华的青菜街（现名建国路），刘伯坚从容自若地向街旁伫立的群众点头招手，充分表现出共产党人铁骨铮铮、视死如归的革命豪情。这在他留下的一组气吞山河、脍炙人口的《带镣行》诗中表达得淋漓尽致：

带镣长街行，蹒跚复蹒跚，
市人争瞩目，我心无愧怍。

带镣长街行，镣声何铿锵，
市人皆惊讶，我心自安详。

带镣长街行，志气愈轩昂，
拼作阶下囚，工农齐解放。

当天，在国民党绥靖公署阴森恐怖的候审室里，敌人对刘伯坚进行了审讯。当时敌档案中曾这样记录：

问：你为什么加入共产党？

答：我看你们国民党毫无治国救民的办法，故加入共产党，致力于土地革命。

问：你们共产党有办法，为什么现在弄得一败涂地？

答：胜败乃兵家常事。古人说："野火烧不尽，春风吹又生"，只要革命的火种不熄，燎原之势必成。

问：你们的野战军西奔川黔的意图是什么？

答：此次红军野战军出动川黔之意图，是将苏维埃运动扩大到全国范围去，建立苏维埃更大的新根据地。同时，号召和团结千百万群众实行民族革命战争。

刘伯坚侃侃而谈，把敌人的法庭变成了宣传共产党主张和抗日救国真理的讲坛。气急败坏的敌军法处处长只得草草收场，匆匆结束尴尬的审讯。在辗转羁押的日子里，身居阴暗潮湿的牢房，刘伯坚始终坚贞不屈。敌人的严刑拷打，激起他更加坚定的革命信念。在长诗《移狱》中，他曾这样写道：

> 一副足镣响银铛，匍匐膝行上下床；
> 狱门咫尺隔万里，守者持枪长相望。

> 檐角瓦雀鸣啁啾，镇夜啼跃不肯休；
> 瓦雀生意何盎然，我为中国作楚囚。

> 夜雨阵阵过瓦檐，风送计可到梅关；
> 南国春事不须问，万里芳信无由传。

3月19日，月明风清，牢门紧锁。面对惨淡的铁窗月色，身陷囹圄的刘伯坚愈加思念突围的战友，个人不足惜，唯感不能再与战友并肩战斗，空负了梅关的皎皎明月。他辗转反侧，夜不能寐，借着朦胧的月光，写了一首七绝《狱中月夜》诗：

> 空负梅关团圆月，囚门深锁窥不得。
> 夜半皎皎上东墙，反映铁窗皆虚白。

这是刘伯坚留给后人的最后一首绝笔诗。

敌人软硬兼施，费尽心思，无法使刘伯坚屈服。3月21日，经蒋介石核准，敌人终于下毒手了。

上午9点刚过，刘伯坚便被敌兵押到大殿里，殿中央一张小桌上摆着酒饭，这就是人们通常说的"永别酒"和"长生饭"，刘伯坚坦然地坐下饮用。这时，敌军法处处长走上前来，狡黠地问他最后还有什么话说。

稍加思索，刘伯坚慷慨激昂地答道："第一，我要写封家信，交代我的子孙后代要将革命进行到底！第二，死后要把我葬于梅关！"

当敌人问他葬在梅关的原因时，刘伯坚朗声回答："葬在梅关站得高望得远，使我死后也能看到革命的烈火到处燃烧！"

接过敌人递来的纸笔，刘伯坚给妻子写下最后的遗书：

> 叔振同志：
>
> 我的绝命书及遗嘱，你必能见着，我直寄陕西凤笙大嫂及五、六诸兄嫂。
>
> 你不要伤心，望你无论如何要为中国革命努力，不要脱离革命战线；并要尽一切力量，教养虎、豹、熊三幼儿成人，继续我的光荣的革命事业。
>
> 我葬在大余梅关附近。
>
> 十二时快到了，就要上杀场，不能再写了。
>
> 此致

最后的革命敬礼

刘伯坚

敌军官一声"带走",敌兵一拥而上。刘伯坚怒声喝道:"不用架,我自己会走!"他高昂着头,挺直胸膛,一边向门口走,一边高呼:"中国共产党万岁!""打倒国民党反动派!"

当年刘伯坚就义的大余梅关山上,如今竖起一座高高的纪念碑,它寄托了人民对先烈深切的缅怀和由衷的敬仰。刘伯坚烈士的英灵永垂不朽!

 将军倒在红旗下

苏维埃政权诞生在激烈残酷的战争环境中,不仅要在战场上与敌人冲锋陷阵展开正面交锋,而且还要警惕敌特分子暗中的扰乱破坏和肃清队伍中动摇者的分裂叛逃,所以在苏区内进行必要的肃反本无可非议。但是,由于你死我活的特殊环境和"唯我独革"的狭隘思维,导致了疑神疑鬼、草木皆兵,使"肃反"严重扩大化,以致将革命队伍中许多大胆质疑、勇于探索的忠诚共产党人也误定为反动分子,予以逮捕,有的甚至惨遭杀害,使"亲者痛,仇者快",在苏维埃革命史上留下悲痛的一页。洪湖苏区和革命武装创建人之一的段德昌,便是在"肃反"中倒在红旗下的将军。

段德昌出生于湖南省南县九屋场,早在学生时代

141

就积极追求进步思想。1921 年加入社会主义青年团，1925 年加入中国共产党，并进入黄埔军校四期学习，投身北伐战争。大革命失败后，他先后参加了党领导发动的南昌起义和秋收起义，屡建战功。

1928 年初，段德昌来到湖北公安县，组织武装斗争，恢复县委活动，积极支持以周逸群为代表的鄂西特委的工作，并受命负责军事武装的领导，为创立洪湖苏区作出了重大贡献。1930 年秋到 1931 年上半年，段德昌同贺龙、周逸群一起，为巩固以洪湖为中心的苏区，粉碎敌人第一、二次"围剿"，抵制李立三错误路线在湘鄂西的推行，立下了不可磨灭的功勋。

1931 年 3 月，"左"倾冒险主义控制的中共中央派夏曦为代表来到洪湖地区，组成了湘鄂西中央分局，并于 6 月中旬建立起湘鄂临时省委机关和省军事革命委员会及其主席团，由夏曦任分局书记和军委会主席团主席。湘鄂西中央分局在"反立三路线"和"拥护国际路线"的旗号下，全盘否定贺龙、周逸群和段德昌等领导湘鄂西地区时执行的路线和取得的成绩，给他们扣上了"富农路线"、"右倾机会主义"等罪名加以批判。段德昌以革命利益为重，忍受着不公正的对待，仍坚持做了大量工作。

1931 年夏，敌人纠集 20 个团的兵力向洪湖地区发动第三次"围剿"。当时，正值长江、汉水和荆河流域遭受百年不遇的特大洪水。红九师在段德昌率领下，承担起守卫洪湖根据地的重任。

面对抗灾抢险和打破敌人"围剿"的严峻形势，段德昌按照湘鄂西军委会的布置，将红九师二十五团留在苏区，武装保卫群众，开展斗争。在积极向省委提供关于抗灾斗争建议的同时，他抽调部队支援解决苏区的物资供应，帮助群众抗灾抢险，反复强调红军要关心群众，多为人民着想，与广大群众一起艰苦奋斗，生产自救。留守工作安排就绪后，段德昌和军政委万涛指挥二十六团渡过襄河，先后攻占沙洋、荆门、潜江等地，打乱敌军"进剿"部署。接着，与二十五团相互配合，全歼敌军一个整旅，打破了敌人从北面对洪湖根据地的"围剿"。9月28日，段德昌率部在荆门与红七、八师会合，重新打回洪湖，使形势朝着有利于根据地的方向发展。

然而，红三军回师洪湖受到夏曦的指责，批评红三军军长段德昌违抗命令，抛弃后方；还指责红九师去襄北迎接主力部队是"抛弃主要任务，执行次要任务"，是"冒险轻进"的"立三主义残余"等。他并在九师的行动与江南苏区的失守的责任问题上，对段德昌等进行无理指责和诬蔑。夏曦不顾当事人的据理抗争，借中央名义强行给段德昌以警告处分。段德昌受到错误的处分后，毫不计较个人得失，以大局为重，跟随贺龙英勇奋战，再建战功。

从1932年起，遵照中央指示，湘鄂西苏区加紧进行肃反工作，并专门成立了以夏曦为首的肃反委员会。委员会设有独立工作系统的政治保卫局，不受党委监督，直属夏曦个人指挥。

当时，被列为"肃反"对象的大致有四种人：

（1）怀疑中央分局路线的正确，提议取消中央分局或进行反中央分局正确领导的。首先是那些暗藏党内的反革命分子。

（2）右倾机会主义分子。被认为是阻碍革命向前发展的主要障碍，应受到严厉无情的打击。

（3）调和派。认为是企图替机会主义作辩护的工具，或是抱着党内和平心理、不愿得罪人的敷衍主义。对于仇视批评、怠工抵抗党的批评的分子，都必须给以严厉的打击。

（4）红军中应当执行严格的集中军事纪律，任何执行上级指示的怠工与反抗，都要无情地予以制裁。

此外，对与以前肃反中定为"改组派"、"第三党"成员有某些工作上的合作或共事关系的党政军负责干部，也作为"肃反"的对象，予以怀疑、打击和迫害。

夏曦在湘鄂西苏区前后开展了三次大规模的肃反。肃反中被清查出来的数千名所谓"反动分子"，其实多为湘鄂西根据地和红军的创建者。他们征战湘鄂西地区，曾令敌人闻风丧胆，最后却惨死在自己同志的手下。肃反严重削弱了革命力量，敌人趁机疯狂进攻，1932 年 10 月，洪湖根据地丧失。

1932 年底到 1933 年初，红三军被迫从洪湖突围，征战七千余里，辗转到达湘鄂边根据地。负责后卫工作的段德昌，目睹广大指战员长途行军，流动作战，补充、给养无法保证，伤亡惨重，认为这对红军极为不利。于是，他向分局提出建议，主张打回洪湖，利用良好的群众基础，恢复和发展革命力量。夏曦尽管表示同意恢复洪湖根据地，但错误地认为洪湖失陷的原因在于红军队伍不纯，必须先肃清内部，然后才能出击外敌，主张解散红三军中的党团组织，取消政治机关，以"创建新红军"。红三军领导人一致反对。段德昌当面质问夏曦："你把红军搞完了，把苏区搞垮了，你是革命功臣还是罪人？"贺龙也义正词严地指出："解散党我不同意。我在旧军队时就想参加党，到南昌暴动才加入。我只晓得红军是党领导的，解散党我不同意！别的道理我讲不出。"

1933年3月，夏曦在中央分局会议上断言根据地的丧失是"改组派"、"第三党"造成的，提出要在党内、苏维埃政府内和红三军内进行更彻底的肃反。他不顾反对，悍然决定解散军队和地方各级党团组织，撤销红军内政治机关，对所有党员实行清洗，重新登记。

在这次肃反中，夏曦将红军指战员所提出的合理意见也怀疑为反革命破坏，是企图叛变的表示。由于当时部队驻扎在人烟稀少、土地贫瘠的高山地区，条件异常艰苦，有些战士不免有"不爱吃包谷饭和不习惯走山路"之类的谈论，竟也被看做是改组派破坏湘鄂边苏区路线。在《湘鄂西中央分局报告》中就这样写道："当时改组派的口号是：'立即回洪湖去''山上不能创造苏区，包谷饭不好吃，山路不好爬'。"并以此大肆逮捕干部战士。段德昌对夏曦在湘鄂西地区推行的冒险政策极力反对，对于夏曦大搞肃反扩大化和解散党组织的错误做法，更是坚决反对，质问道："夏曦，你把根据地搞完了，成千上万的共产党人都被你杀了，现在你又要取消烈士用鲜血缔造起来的共产党，你是革命的功臣还是革命的敌人？"夏曦由此对段德昌更加耿耿于怀，因而段德昌提出的"打回洪湖去"的主张便被指责为"逃跑主义"，遭到大肆批判。

在"左"倾冒险主义给革命带来严重危害的岁月，段德昌深知坚持斗争将会招来不测之祸，但坚定的信念使他毫不退缩。一天清晨，他将亲手抄写的明代爱国诗人于谦所作《石灰吟》，贴在居住的山洞墙壁上，借以抒发革命情怀：

千锤百炼出深山，烈火焚烧若等闲；

粉身碎骨全不怕，只留清白在人间。

4月底的一天，夏曦派人通知段德昌去分局驻地金果坪开会。尽管段德昌心觉有变，但还是决定前往。当妻子劝他暂时躲避一下时，他斩钉截铁地说："我是共产党员，我已把一切交给了党，只能听党的安排。"

段德昌飞马赶到金果坪，一进门便被解除武装。夏曦宣布了所谓"准备把九师带走，脱离军部，准备叛变，最后在刘家司暴动"的罪状，当场将段德昌逮捕。

5月1日，夏曦主持召开群众公审大会。早已把个人生死置之度外的段德昌想到的只是革命事业和洪湖苏区人民。他面对到会的干部和群众悲愤地说："同志们，我坚信苏维埃革命一定会胜利，希望红军回到我的家乡时，转告我的亲属，我段德昌生是党的人，死是党的鬼，没有给湖南人民丢脸！历史将证明我无罪。"到会的群众无不声泪俱下。夏曦不顾广大指战员的意愿，一意孤行，一代英雄段德昌终被杀害。这位身经百战又累遭错误路线迫害的优秀红军指挥员，倒在自己扯起的红旗下时年仅 29 岁。

历史终于证明段德昌无罪。1952 年，中共中央为段德昌发下了第一号"烈士证书"，使得中华苏维埃史上的这一桩冤案得到平反昭雪。

3 举家献身苏维埃

苏维埃革命的实践与探索，既需要有时代英雄的指引，更需要有千千万万人民群众的广泛参与。在当年火热的苏维埃革命运动中，无数普普通通的工农劳苦大众积极投身于革命的洪流，为了这一神圣的理想，不惜流血流汗乃至献出宝贵的生命。川东万源县李中权一家 9 口献身苏维埃革命事业，便是那红色乐章中一串壮丽的音符。

1929 年 4 月，四川万源县人民在共产党的领导下，发动了固军坝暴动，点燃了川东革命的烽火。满怀对革命的赤诚追求，年轻的李中权与大哥李中泮在全家的支持下，参加了王维舟任总指挥的川东游击军，活跃在通江、宣汉地区，开展土地革命，建立苏维埃政权。与根据地其他群众一样，留在后方的李中权的家人——父亲李惠荣、母亲李王氏、二哥李中池及弟弟妹妹们积极支援红军和红色政权，侦察敌情，运送物资。全家人在不同的岗位上为共同的苏维埃革命事业贡献着自己的力量。

1933年10月，徐向前指挥红四方面军发动宣达战役，向四川东部挺进，与川东游击军胜利会师，川东游击军正式改编为工农红军第三十三军，李中权与李中泮同时出任团政委。家人在红军会师喜讯的鼓舞下，以更高的热情投入支前工作。红军所向披靡，川陕根据地日益扩大，苏维埃政权逐步巩固。这一切使李中权全家更加坚定了信念：只有跟着共产党和红军，只有建立苏维埃政权，工农群众才能得解放，劳动人民才能当家做主人。

1934年春，李中权奉命率领所属巡视团开赴前线，反击国民党军队对川陕苏区发动的"六路围攻"。部队经过通江县北的茅峪镇时，在路边欢迎红军的人群中，李中权猛然发现了自己的母亲。他欣喜若狂地跑过去，一把抱住母亲那瘦弱的肩膀，连声询问家里的情况。母亲顿时收敛了笑容，泪水夺眶而出，沉默了半晌，才告诉了他父亲牺牲的噩耗。原来，红军主力开赴前线后，父亲李惠荣拖着生病的身体，仍坚持为红军筹粮运草。一天中午，李惠荣正在山上砍柴，遇到了从前方回来的红军通讯员，见通讯员又饥又渴，他赶紧解下自己的干粮袋和水壶，强逼着通讯员吃喝。不料，通讯员在途中便被敌哨兵发现，此时敌军已跟踪而至。

危急之中，李惠荣一把摘下通讯员的红星军帽戴在自己头上，将通讯员推进树丛。然后，他提起柴刀迎向敌兵，与之英勇搏斗，一连砍倒两个敌兵，自己壮烈牺牲了。父亲的壮举深深震撼着李中权的心，临别之际，他将干粮留给母亲，便紧随队伍向前线进发。

李中权率部抵达前线，立即投入了激烈的反"围剿"战争。一天，他突然收到一封达县老战友写来的急信，信中说他的大哥李中泮因曾经被国民党抓去当过几天壮丁，所以在苏区开展的肃反运动中被扣上"叛徒"的帽子遭到逮捕，要他赶紧想办法营救。接信后，李中权立刻想方设法，收集一切能够证明大哥清白的材料。然而，当他急匆匆地带着省委的介绍信，单骑匹马赶到元山场红军师部驻地时，才知道大哥李中泮已惨遭杀害。

不久，李中权率部开始了长征。大雪山下的宝兴县城，是红军长征的必经之路，当他拖着疲惫的双腿，穿过这座由于敌人破坏已残破不堪的小城时，竟然在街头再度遇到跟随主力红军长征的母亲和弟弟李中柏、李中衡及妹妹李中秋，一家人顿时沉浸在这意外相逢的欢乐之中。好半天，李中权才记起问二哥李中池和大妹李中珍的消息，热烈的气氛立刻消失，弟妹们个个沉默不语。再三询问，大弟弟李中柏才吐露了真情。原来大妹李中珍在部队开始长征时参加了红军，丈夫石映昌是红三十一军的连长，夫妻二人在穿越敌人封锁线时双双牺牲；二哥李中池也参了军，在攻克理番（今理县）的战斗中，他英勇冲锋，不幸被敌人的炮火击中。李中柏将二哥的遗物——一条蓝布袋递到李中权手中，这是二嫂分别时给二哥的定情信物。蓝色的布面上用花线绣着两只喜鹊，旁边缀着"李中池"三个小字，蓝布面上殷红的血迹仍依稀可见。李中权强忍心中的悲痛，鼓励弟妹们要牢记血债，为亲人报仇雪恨。

1936 年 5 月，已担任大金川独立第二师政委的李中权，率领部队第三次穿过草地。茫茫的草地上笼罩着阴森迷茫的浓雾，草丛里河沟交错，积水泛滥。衣衫褴褛的红军指战员踏着泥泞，艰难地前进。在草地中的一块土坡上，李中权又一次惊喜地见到了分别 5个多月的母亲。

不等战马停稳，李中权便飞身跃下，跑向躺在树丛下的母亲。经历了长途跋涉，母亲显得更加憔悴，她呆呆地望着儿子，竟一时说不出话来。弟弟妹妹依偎在母亲身旁，泪眼汪汪地看着李中权，哽咽着告诉三哥说，母亲的寒腿病又犯了，再也走不动了。李中权紧紧抱住母亲，心潮翻滚。作为红军指挥员，他明白自己肩上党所赋予的责任，可作为儿子，他又实在不能丢下生他养他的母亲不管。警卫员似乎看出了他的心事，跑过来请求把自己留下照顾。李中权还未来得及张口表态，一直沉默的母亲突然开腔："不成，北上的红军一个也不能少！"口气坚决，没有丝毫商量的余地。她在李中柏的搀扶下挣扎着站起来，紧紧握着李中权的手，催他赶紧上路，"别误了大事"。李中权热泪盈眶，使劲点了点头。他想给母亲留点儿干粮，可摸摸身上，粮米、盐巴、银元什么都没有，最后只好留下自己的战马给生病的母亲代脚，并嘱咐弟妹们好好照顾母亲，然后挥泪而别，匆匆北上。

令李中权不愿意接受的事实是，他与母亲在草地上邂逅一别，竟成永诀。一个多月后，母亲随红军大部队进到西康省（辖今四川省与青海省的一部分）炉霍县大草地边缘的东谷喇嘛寺时，不幸去世。弟妹们哭泣着掩埋了母亲的遗体，依依不舍地离开坟丘，追随着长征的队伍继续前进。

当李中权再一次在征途中与弟妹们相见时，他们几乎不敢相认。行军的劳累和接连痛失亲人的打击，使弟妹们瘦骨嶙峋，满面污垢。弟妹们抱住李中权的大腿，放声痛哭。在经历了千辛万苦之后，幸存的家人们能够再次团聚，这也令李中权悲喜交加，他轻轻地抚摸着弟妹们的头，勉励他们要鼓足勇气，坚持到长征的胜利，去完成亲人们尚未完成的苏维埃革命事业。

进军的号角嘹亮地响起，破衣烂衫但斗志昂扬的红军指战员继续征程，部队浩浩荡荡向北挺进。李中权与弟妹们再次汇入了长征的洪流，踏着坚定的步伐，朝着陕甘方向进发。

参考书目

1. 盛仁学、张军孝等著《中国工农红军各革命根据地简介》，解放军出版社，1987。

2. 张廷贵、袁伟著《中国工农红军史略》，中共党史资料出版社，1987。

3. 何友良著《中国苏维埃区域社会变动史》，当代中国出版社，1996。

4. 戴向青、余伯流等著《中央革命根据地史稿》，上海人民出版社，1986。

5. 温锐、谢建社著《中央苏区土地革命研究》，南开大学出版社，1991。

6. 《回忆中央苏区》，江西人民出版社，1981。

7. 《中央革命根据地史料选编》（上、中、下），江西人民出版社，1982。

8. 《鄂豫皖苏区历史简编》，湖北人民出版社，1983。

9. 《湘鄂西苏区历史简编》，湖北人民出版社，1982。

10. 陈丕显著《赣粤边三年游击战争》，人民出版社，1982。

11. 温锐、杨丽琼：《中央苏区平分土地政策与农民权

益保障的再组织》，《中共党史研究》2010 年第 5
期。

12. 温锐：《毛泽东视野中的中国农民问题》，江西人
民出版社，2004。

《中国史话》总目录

系列名	序号	书 名	作 者
物化历史系列（28种）	30	石器史话	李宗山
	31	石刻史话	赵 超
	32	古玉史话	卢兆荫
	33	青铜器史话	曹淑芹　殷玮璋
	34	简牍史话	王子今　赵宠亮
	35	陶瓷史话	谢端琚　马文宽
	36	玻璃器史话	安家瑶
	37	家具史话	李宗山
	38	文房四宝史话	李雪梅　安久亮
制度、名物与史事沿革系列（20种）	39	中国早期国家史话	王 和
	40	中华民族史话	陈琳国　陈 群
	41	官制史话	谢保成
	42	宰相史话	刘晖春
	43	监察史话	王 正
	44	科举史话	李尚英
	45	状元史话	宋元强
	46	学校史话	樊克政
	47	书院史话	樊克政
	48	赋役制度史话	徐东升
	49	军制史话	刘昭祥　王晓卫
	50	兵器史话	杨 毅　杨 泓
	51	名战史话	黄朴民
	52	屯田史话	张印栋
	53	商业史话	吴 慧
	54	货币史话	刘精诚　李祖德
	55	宫廷政治史话	任士英
	56	变法史话	王子今
	57	和亲史话	宋 超
	58	海疆开发史话	安 京

系列名	序号	书　名	作　者
交通与交流系列（13种）	59	丝绸之路史话	孟凡人
	60	海上丝路史话	杜　瑜
	61	漕运史话	江太新　苏金玉
	62	驿道史话	王子今
	63	旅行史话	黄石林
	64	航海史话	王　杰　李宝民　王　莉
	65	交通工具史话	郑若葵
	66	中西交流史话	张国刚
	67	满汉文化交流史话	定宜庄
	68	汉藏文化交流史话	刘　忠
	69	蒙藏文化交流史话	丁守璞　杨恩洪
	70	中日文化交流史话	冯佐哲
	71	中国阿拉伯文化交流史话	宋　岘
思想学术系列（21种）	72	文明起源史话	杜金鹏　焦天龙
	73	汉字史话	郭小武
	74	天文学史话	冯　时
	75	地理学史话	杜　瑜
	76	儒家史话	孙开泰
	77	法家史话	孙开泰
	78	兵家史话	王晓卫
	79	玄学史话	张齐明
	80	道教史话	王　卡
	81	佛教史话	魏道儒
	82	中国基督教史话	王美秀
	83	民间信仰史话	侯　杰
	84	训诂学史话	周信炎
	85	帛书史话	陈松长
	86	四书五经史话	黄鸿春

系列名	序号	书名	作者
思想学术系列（21种）	87	史学史话	谢保成
	88	哲学史话	谷 方
	89	方志史话	卫家雄
	90	考古学史话	朱乃诚
	91	物理学史话	王 冰
	92	地图史话	朱玲玲
文学艺术系列（8种）	93	书法史话	朱守道
	94	绘画史话	李福顺
	95	诗歌史话	陶文鹏
	96	散文史话	郑永晓
	97	音韵史话	张惠英
	98	戏曲史话	王卫民
	99	小说史话	周中明　吴家荣
	100	杂技史话	崔乐泉
社会风俗系列（13种）	101	宗族史话	冯尔康　阎爱民
	102	家庭史话	张国刚
	103	婚姻史话	张 涛　项永琴
	104	礼俗史话	王贵民
	105	节俗史话	韩养民　郭兴文
	106	饮食史话	王仁湘
	107	饮茶史话	王仁湘　杨焕新
	108	饮酒史话	袁立泽
	109	服饰史话	赵连赏
	110	体育史话	崔乐泉
	111	养生史话	罗时铭
	112	收藏史话	李雪梅
	113	丧葬史话	张捷夫

系列名	序号	书　名	作　者	
近代政治史系列（28种）	114	鸦片战争史话	朱谐汉	
	115	太平天国史话	张远鹏	
	116	洋务运动史话	丁贤俊	
	117	甲午战争史话	寇伟	
	118	戊戌维新运动史话	刘悦斌	
	119	义和团史话	卞修跃	
	120	辛亥革命史话	张海鹏	邓红洲
	121	五四运动史话	常丕军	
	122	北洋政府史话	潘荣	魏又行
	123	国民政府史话	郑则民	
	124	十年内战史话	贾维	
	125	中华苏维埃史话	杨丽琼	刘强
	126	西安事变史话	李义彬	
	127	抗日战争史话	荣维木	
	128	陕甘宁边区政府史话	刘东社	刘全娥
	129	解放战争史话	朱宗震	汪朝光
	130	革命根据地史话	马洪武	王明生
	131	中国人民解放军史话	荣维木	
	132	宪政史话	徐辉琪	付建成
	133	工人运动史话	唐玉良	高爱娣
	134	农民运动史话	方之光	龚云
	135	青年运动史话	郭贵儒	
	136	妇女运动史话	刘红	刘光永
	137	土地改革史话	董志凯	陈廷煊
	138	买办史话	潘君祥	顾柏荣
	139	四大家族史话	江绍贞	
	140	汪伪政权史话	闻少华	
	141	伪满洲国史话	齐福霖	

系列名	序号	书名	作者
近代经济生活系列（17种）	142	人口史话	姜 涛
	143	禁烟史话	王宏斌
	144	海关史话	陈霞飞 蔡渭洲
	145	铁路史话	龚 云
	146	矿业史话	纪 辛
	147	航运史话	张后铨
	148	邮政史话	修晓波
	149	金融史话	陈争平
	150	通货膨胀史话	郑起东
	151	外债史话	陈争平
	152	商会史话	虞和平
	153	农业改进史话	章 楷
	154	民族工业发展史话	徐建生
	155	灾荒史话	刘仰东 夏明方
	156	流民史话	池子华
	157	秘密社会史话	刘才赋
	158	旗人史话	刘小萌
近代中外关系系列（13种）	159	西洋器物传入中国史话	隋元芬
	160	中外不平等条约史话	李育民
	161	开埠史话	杜 语
	162	教案史话	夏春涛
	163	中英关系史话	孙 庆
	164	中法关系史话	葛夫平
	165	中德关系史话	杜继东
	166	中日关系史话	王建朗
	167	中美关系史话	陶文钊
	168	中俄关系史话	薛衔天
	169	中苏关系史话	黄纪莲
	170	华侨史话	陈 民 任贵祥
	171	华工史话	董丛林

系列名	序号	书名	作者
近代精神文化系列（18种）	172	政治思想史话	朱志敏
	173	伦理道德史话	马勇
	174	启蒙思潮史话	彭平一
	175	三民主义史话	贺渊
	176	社会主义思潮史话	张武　张艳国　喻承久
	177	无政府主义思潮史话	汤庭芬
	178	教育史话	朱从兵
	179	大学史话	金以林
	180	留学史话	刘志强　张学继
	181	法制史话	李力
	182	报刊史话	李仲明
	183	出版史话	刘俐娜
	184	科学技术史话	姜超
	185	翻译史话	王晓丹
	186	美术史话	龚产兴
	187	音乐史话	梁茂春
	188	电影史话	孙立峰
	189	话剧史话	梁淑安
近代区域文化系列（二种）	190	北京史话	果鸿孝
	191	上海史话	马学强　宋钻友
	192	天津史话	罗澍伟
	193	广州史话	张苹　张磊
	194	武汉史话	皮明庥　郑自来
	195	重庆史话	隗瀛涛　沈松平
	196	新疆史话	王建民
	197	西藏史话	徐志民
	198	香港史话	刘蜀永
	199	澳门史话	邓开颂　陆晓敏　杨仁飞
	200	台湾史话	程朝云

《中国史话》主要编辑
出版发行人

总 策 划	谢寿光	王 正	
执行策划	杨 群	徐思彦	宋月华
	梁艳玲	刘晖春	张国春
统 筹	黄 丹	宋淑洁	
设计总监	孙元明		
市场推广	蔡继辉	刘德顺	李丽丽
责任印制	岳 阳		